옷을 바꾸고
상식을 바꾸고
세상을 바꾼다

UNIQLO ZOSHU ZOEKI NO HIMITSU
by Junzou Nagino
Copyright ⓒ 2010 by Junzou Nagino
All rights reserved.
Original Japanese edition published by Pal Publishing Co., Ltd.
Korean translation rights ⓒ 2010 by Yeonamsa Publishing
Korean translation rights arranged with Pal Publishing Co., Ltd., Tokyo
through EntersKorea Co., Ltd. Seoul, Korea

이 책의 한국어판 저작권은 (주)엔터스코리아를 통해 저작권자와 독점 계약한
연암사에 있습니다. 신 저작권법에 의하여 한국 내에서 보호를 받는 저작물이므로
무단전재와 무단복제를 금합니다.

유니클로 증수증익의 비밀

옷을 바꾸고
상식을 바꾸고
세상을 바꾼다

나기노 준조 지음 | 김정환 옮김

연암사

옷을 바꾸고 상식을 바꾸고 세상을 바꾼다

초판 인쇄	2010년 10월 15일
초판 발행	2010년 10월 20일
지은이	나기노 준조
옮긴이	김정환
발행인	권윤삼
발행처	도서출판 연암사
등록번호	제10-2339호
주소	서울시 마포구 망원동 472-19
전화	02-3142-7594
팩스	02-3142-9784

ISBN 978-89-86938-82-1　　00320

이 책의 모든 법적 권리는 도서출판 연암사에 있습니다.
저작권법에 의해 보호받는 저작물이므로
본사의 허락 없이 무단 전재, 복제, 전자출판 등을 금합니다.

이 도서의 국립중앙도서관 출판시도서목록(CIP)은 e-CIP 홈페이지
(http://www.nl.go.kr/ecip)에서 이용하실 수 있습니다.
(CIP제어번호: CIP 2010002384)

UNIQLO 머리말

　유니클로를 경영하는 패스트 리테일링Fast Retailing Co., Ltd.은 창업 60주년을 맞이하여 총액 10억 엔 규모의 캐시백 행사를 실시했다. 이 행사를 실시한 전국의 각 매장은 밀려드는 고객들로 성황을 이루었다.

　유니클로에 자극을 받은 대형 백화점도 할인 경쟁에 뛰어들었지만 참패를 하고 말았다. 공동 기획과 매입, 구조 개혁들이 기대한 만큼의 성과를 올리지 못했기 때문이다. 따라서 각 백화점들의 2010년 전반기 결산은 대폭의 감수 감익을 기록할 공산이 크다.

　사람들은 유니클로가 저렴하다는 생각을 갖고 있다. 그

러나 가격을 비교한 각종 조사 결과에 따르면 그렇지도 않다. 가령 패스트 리테일링 산하의 지유GU가 출시한 990엔 청바지보다 값이 싼 청바지는 많다. 또 60주년 기념 특별 상품의 가격도 대형 슈퍼스토어에서 할인 판매를 하는 것과 차이가 없었다.

약 10년 전에 유니클로는 일본에서 상품을 기획하고 외국의 값싼 원자재를 조달해 인건비가 저렴한 중국에서 제조한 후 본국으로 들여와 판매하는 '유니클로 방식'을 확립했다. 그 덕분에 매우 저렴한 가격에 상품을 판매할 수 있었다.

이 방식을 통해 설정된 가격은 '공장 출고가'라는 말까지 나돌았다. 그러나 지금은 이와 같은 방법으로 생산하는 곳이 늘었기 때문에 가격 측면에서 보면 유니클로의 우위는 완전히 사라졌다.

그런데도 유니클로만이 성공 가도를 달리는 이유는 무엇일까? 저가 노선을 수정하지 않았지만 전략이 달라졌기 때문이다. 유니클로는 최고의 브랜드를 만들어내는 디자이너에 결코 뒤지지 않는 패션 디자이너들과 손잡고 세련된 제품을 생산한다.

프라다PRADA 등에서 활약한 세계적인 디자이너 질 샌더

Jil Sander도 그중 한 명이다. 덕분에 유니클로는 외국에서 세계 정상급 브랜드에 준하는 제품으로 취급받기 시작했다.

백화점이나 슈퍼스토어가 단순히 유니클로의 저렴한 가격을 흉내내더라도 뛰어난 상품성이 뒷받침되지 않는다면 성공하지 못하는 것은 당연한 일이다.

일단 일본 내의 경쟁자들은 멀찌감치 따돌렸다. 월드컵 경기에 비유한다면 8강 진출을 결정지은 정도에 불과하지만 일본에 상륙한 강력한 라이벌들의 도전이 예사롭지 않다.

유니클로 신화가 언제까지 지속될지 자못 흥미롭다.

차례
contents

머리말

제1장 유니클로 증수증익의 비밀 _ 13

불황 속에서 더욱 주목받는 유니클로 | 8년 만에 과거의 최고 영업 이익을 경신하다 | 급성장을 바라보는 냉정한 시선 | 두 가지 비즈니스 모델 | '상식을 깨는 마케팅'이 유니클로 독주의 길을 열었다! | 틈새시장으로 찾은 성공 방정식

제2장 전략적 파트너십으로 차별화하라 _ 39

짧게 끝나버린 '유니클로식' 전성시대 | 성공과 실패 | '원점'에서 재출발! | 어긋난 성장 전략 | 유니클로의 'V자 상승'은 티셔츠에서 시작되었다 | 도레이와 전략적 파트너십으로 차별화를 꾀하다 | 공업품으로 인식시킨 '히트텍'

제3장 유니클로의 독주는 지속될까? _ 69

H&M의 충격적인 데뷔 | 고품질과 패션성을 앞세운 H&M의 상품 전략 | '콘셉트 숍'과 '개성이 강한 매장'이 강점인 H&M | 패스트패션의 강자, ZARA의 일본 진출 | 최근 7년 동안 평균 35퍼센트의 증수를 기록한 포에버21 상륙 | 패스트패션의 중심가 하라주쿠 | '허용 결품' 상법이 고객들에게 받아들여질까? | '시마무라'의 저비용 모델은 한계에 부딪쳤다? | 시마무라의 이익을 유지시킨 PB 상품과 여성용 트렌드 상품 | M&A로 유니클로를 추격하는 시마무라 | 유니클로와 시마무라는 프랑스 요리와 중국 서민 요리? | 돈키호테가 발표한 '초저가 청바지' | 패스트패션의 인기와 동시에 진행되는 아울렛 성장의 이유 | 유니클로를 추격하는 포인트의 독보적인 이익률 | 포인트 성장 과정의 '벽' | 실패에서 얻은 교훈

제4장 세계 시장에서 경쟁할 수 있는 상품을 지향하라 _ 132

주가 폭락과 모략설 | 브랜드 파워 강화로 '팔리는 구조'를 만든다 | 시오리 경영권을 획득하다 | 유니클로 비약 발전의 또 다른 열쇠 | 가치가 있기 때문에 팔린다 | 속옷과 겉옷이라는 카테고리는 없다 | 발상의 전환으로 히트한 브라톱 | 위기를 기회로 바꾸는 문제 상품의 회수 속도 | 중국과는 거래가 아니라 '함께 일한다' | 옷감 생산에서 검사까지 일괄 시스템을 실현하다 | 잘나가는 기업의 '매장'은 이런 점이 다르다! | 스페셜리스트가 철저히 지도한다 | 지속적인 이익 창출은 '생산 기지 구축'이 중요하다

제5장 최대의 과제로 떠오른 후계자 문제 _ 179

'경영자가 없는 기업은 망한다' - 유니클로는 괜찮은가? | 빠져 죽기 싫으면 발버둥쳐라 | 경영자 육성을 위한 체제 구축에 착수하다! | 후계자를 모색할 제한 시간

제6장 매출액 5조 엔의 글로벌 전략 _ 201

세계를 놀라게 한 GAP 매각설 | M&A 전략 | 물거품이 된 바니즈 인수 | 목표까지 남은 거리를 측정하라 | '매일이 결산일'이라는 세밀한 경영으로 '결론의 정확도'를 높인다 | 뉴욕에 이은 파리 진출! | 무인양품과 아시아에서 격돌하다

제7장 비상식적 경영으로 유통의 주역이 되다 _ 233

990엔 청바지는 '임팩트'가 있었기 때문에 팔렸다! | 수요를 창출하지 못하는 빈사 상태의 백화점 | 백화점 자체 상표PB는 활로가 되어 줄 것인가? | 고급 브랜드가 살아남는 법 | 백화점의 구원자가 되다

제8장 소매업이 변하지 않는 진짜 이유 _ 255

사망자도 발생하는 미국의 초과격 할인 판매 | 리스크를 안지 않으면 품질은 향상되지 않는다 | '누구도 이익을 올리지 못하는' 구조가 되어버린 진짜 이유

유니클로 증수증익의 비밀

PART 1

유니클로가 좋은 실적을 기록할 수 있는 배경은 무엇일까? 유통 전문가들은 '브라톱'과 '히트텍' 등 히트 상품이 끊임없이 출시되도록 상품군을 두텁게 한 것을 첫 번째 이유로 꼽는다.

불황 속에서 더욱 주목받는 유니클로

　캐주얼 의류 브랜드 '유니클로UNIQLO'를 경영하는 패스트 리테일링Fast Retailing Co., Ltd.은 2009년 11월 21일, 일본 전체 유니클로 매장의 절반에 해당하는 약 400개 매장에서 아침 세일을 실시했다.

　1949년 전신前身인 양복점 '오고리 상사'를 창업1991년에 현재의 사명으로 개명한 지 60주년이 된 것을 기념한 행사였다. 이날 유니클로 매장에는 도쿄 긴자점에 2,000명, 신주쿠 니시쿠치점에 1,200명, 오사카 우메다점에 650명 등 젊은층을 중심으로 이른 아침부터 많은 고객이 개점을 기다리고 있었다.

아침 세일은 1984년 히로시마에 문을 연 제1호점의 개점 시간에 맞춰 오전 6시부터 시작되었고, 각 매장마다 선착순 100명에게는 단팥빵과 우유를 제공했다. 이날 1,500엔에 판매하는 보온 내의 '히트텍'은 600엔, 신사용 양말 한 켤레에 10엔 등 한정 수량으로 특가 상품이 준비되었는데 순식간에 동이 났다.

이 행사는 연말까지 지속되었고, 고객이 5,000엔어치를 구입할 때마다 추첨권을 주어 총 10만 명에게 현금 1만 엔씩을 지급했다. 이러한 전략으로 유니클로는 주머니 사정이 넉넉지 않은 서민들에게 단비와 같은 존재로 각인되었다.

유니클로의 기세는 여기에서 그치지 않는다. 전미 소매연맹 NRF은 2010년 국제 부문상 수상자로 야나이 다다시 柳井正 유니클로 회장 겸 사장을 선정했다. 일본인으로는 세 번째이며, 이토요카도의 이토 마사토시 명예 회장 1998년 이래 12년 만의 수상이다.

야나이는 '유니클로'를 국제적인 브랜드로 성장시킨 점을 높이 평가받았다. 전미 소매연맹의 트레이시 뮬린 Tracy Mullin 회장은 이번 수상자에 대해 "어려운 경제 상황 속에서 소비자의 요구에 귀를 기울이고 참신한 기법으로 다른 회사들을 이끌었다."고 평가했다.

아나이는 '제22회 일본 안경 베스트 드레서 상'도 수상했다. 안경은 옷보다 강한 인상을 남긴다. 안경을 바꿔 쓰는 것만으로도 이미지를 변신시키며, 세련된 안경 프레임에는 품격과 젊음을 연출하는 효과도 있다. 반면 같은 안경만 지속적으로 사용하면 이미지가 고정될 수 있다.

야나이는 2010년 8월기의 연결 순이익이 과거의 최고 수익을 경신한다고 발표하는 자리에 검은 플라스틱 프레임 안경으로 비전과 적극적인 자세를 어필함으로써 세계 각국에 대형 매장을 진출시키는 전략에 설득력을 더했다. 제11회 닛케이 포럼 '세계 경영자 회의' 연설에서는 윗부분에만 프레임이 있는 아이브로우형 메탈 안경을 써서 의사력과 선견력을 연출하기도 했다.

일본을 대표하는 경영자가 된 야나이. 한때 자사의 부진을 언론 탓으로 돌리기도 했지만 이제 그런 모습은 자취를 감추었다.

8년 만에 과거의 최고 영업 이익을 경신하다

 캐주얼 의류점 '유니클로'를 운영하는 패스트 리테일링의 고속 성장은 멈출 기미가 보이지 않는다. 8월 결산을 목전에 둔 2009년 7월 9일에는 실적을 세 번째로 상향 수정했다. 10월 8일에 발표한 2009년 8월기 연결 결산에서는 영업 이익이 전기 대비 24퍼센트 증가한 1,086억 엔으로 8년 만에 과거의 최고 기록을 경신했다.

 매출액 역시 7월 9일에 전기 대비 16퍼센트 증가한 6,820억 엔으로 단번에 220억 엔이나 상향 수정한 바 있는데, 결산 결과도 17퍼센트가 증가한 6,850억 엔으로 과거의 최고치를 기록했다.

"연간 배당도 종전 예상보다 10엔 늘어난 160엔으로 발표했다. 이는 전기 대비 30엔이 증가한 것이다. 우울한 뉴스만 계속되는 가운데 오랜만에 발표된 좋은 소식이었다." 경제지 기자

■ 이온AEON에 육박하는 영업 이익

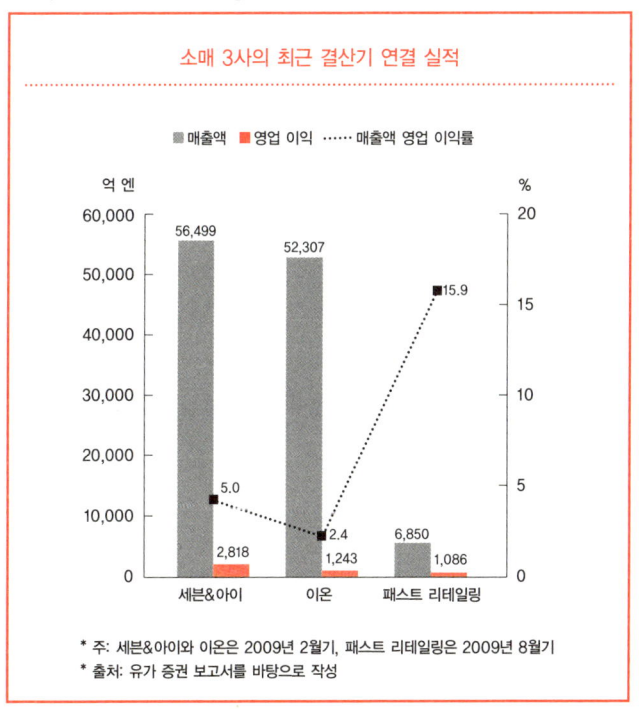

상장 기업이라고 하지만 매출액이 200억 엔에 미치지 못하거나 배당을 하지 못하는 회사는 많다. 유통·소매 업계를 대표해 온 백화점과 슈퍼스토어도 요즘은 고전을 면치 못하고 있는 상황이다.

패스트 리테일링은 영업 이익을 1,000억 엔대에 올려놓았는데, 이것은 이온AEON의 영업 이익에 육박하는 수치다. 소매업에서는 세븐&아이 홀딩스와 이온에 이어 1,000억 엔대 진입을 달성했다.

그러나 패스트 리테일링은 이 정도에 만족하지 않는다. 패스트 리테일링은 이번 분기의 영업 이익을 1,200억 엔으로 예상하고 있는데, 이는 매출 규모가 7배에 이르는 이온의 영업 이익을 사정권에 둔 수치다.

각 방면에서 '상대가 없다'는 평가를 받고 있는 패스트 리테일링은 존재감이 나날이 높아가고 있다. 이와 함께 '소매업의 도요타', '일본에서 세계로 진출할 수 있는 첫 소매 기업' 등의 찬사가 끊이지 않는다.

그렇다면 유니클로가 좋은 실적을 기록할 수 있는 배경은 무엇일까? 유통 전문가들은 상의와 브래지어의 기능을 겸비한 '브라톱'과 보온성 있는 소재인 '히트텍'을 사용한 속옷 등 히트 상품이 끊임없이 출시되도록 상품군을 두텁게 한 것을 첫 번째 이유로 꼽는다.

이러한 상품군을 중국에서 소품종 대량 생산함으로써 비용 절감을 꾀한 결과 가격 억제와 안정적인 공급이 가능해졌으며, 이것이 절약 지향이라는 최근의 흐름과 적극적인 매장 진출 전략 등과 맞물려 히트 상품의 지속적인 탄생으로 이어진 것이 두 번째 이유다.

급성장을 바라보는 냉정한 시선

2009년 8월 본결산을 눈앞에 두고 세 번째 상향 수정을 한 다음날인 7월 10일, 패스트 리테일링의 주가는 예상과 달리 전날보다 100엔 떨어진 1만 1,590엔에 마감됐다.

"결산 예상이 이미 주가에 반영되었다는 점, 그리고 단기적인 상승 소재가 다 나왔다는 것이 그 이유다. 패스트 리테일링이 앞으로도 히트 상품을 계속 내놓을 수 있을지에 대해 시장은 회의적으로 보고 있다. 높은 실적은 다음 기의 증수증익 달성을 힘들게 한다. 만약 다음 기에 증수증익을 달성하지 못하면 그만큼 실망감이 커서 주가는 급락할 것이다. 앞날을 예측해야 하는 전문가로서 패스트 리테일링이 그런 상황을 맞이할지, 아니면 장애물을 뛰어넘어 다음 기에도 증수증익을 달성할지 판단할 수가 없다. 그것이 바로 패스트 리테일링의 주가 상승을 어렵게 만들고 있는 요인이다." 도쿄증권거래소 전문가

목표를 상향 수정하고 3영업일이 지난 7월 14일의 종가는 1만 1,460엔으로 다시 130엔이 하락했다. 결과적으로 6월 말에 1조 3,312억 엔이던 시가 총액 주가에 발행 주식의 수를 곱한 값. 시장 가치를 의미한다은 불과 한 달 반 사이에 1조 2,049억 엔으로 1,263억 엔이나 감소했다.

세상이 유니클로를 바라보는 우호적인 시선과는 대조적으로 패스트 리테일링에 대한 시장의 반응은 지극히 차갑다. 이것은 작년 말에 마쓰이 히데키松井秀樹: 일본의 야구 선수. 요미우리 자이언츠를 거쳐 2003년부터 뉴욕 양키즈에서 활약했으며, 2010년 LA 에인절스로 이적했다.-옮긴이를 바라보는 팬들의 시각과 뉴욕 양키즈 단장의 시각 간의 괴리와 비슷하다.

"라이벌 진영도 그저 손가락만 빨면서 유니클로의 독주를 지켜볼 만큼 바보는 아니다. 각 회사가 잇달아 가격 경쟁에 뛰어들면서 이미 가격 하락 경쟁이 치열해지고 있다.

그 때문에 가격 측면만 생각하면 패스트 리테일링의 우위는 점점 약해지고 있다. 여기에 해외의 라이벌도 일본 시장에 속속 진출하고 있다. 야나이 다다시 회장 겸 사장도 표면상으로는 자신감이 넘치지만 속마음은 그렇지 못할 것이다."유통 전문가

중요한 점은 패스트 리테일링이 2000년 전후에 유니클로 열풍과 함께 정점에 섰다가 급락했던 때와는 차원이 다른 기업으로 진화했다는 사실이다.

두 가지 비즈니스 모델

유니클로는 1998년 11월 도쿄 하라주쿠에 도심부 첫 번째 매장을 열고, 수도권 진출과 플리스fleece의 대히트로 선풍을 일으켰다.

1998년 8월기에 831억 엔이었던 매출액은 3년 뒤인 2001년 8월기에는 4,185억 엔을 달성했다. 의류품 전문점으로는 대기록이라고 할 수 있다. 이후 일본의 의류품 업계는 유니클로 일색으로 물들어갔다. 가볍고 따뜻하며 기존에는 상상도 할 수 없을 만큼 다양한 색상을 갖춘 겨울 의류 '플리스'가 폭발적인 붐을 일으킨 것이다.

한 벌에 1,900엔이라는 저렴한 가격을 무기삼아 전성기였던 2000년에는 1,200만 벌이나 팔려 나갔고, 이와 함께 유니클로와 야나이 다다시가 전국에 알려졌다.

그때까지 저가 의류품 회사를 다룬 적이 없던 주간지도 유니클로의 기사를 싣기 시작했다. '저렴하면서 괜찮은 품질'이라는 유니클로의 상품 특성은 거품 경제가 붕괴되고 나서 시작된 기나긴 경제 부진 속에서 구매력을 잃어가던 소비자들의 수요와 맞아 떨어지면서 폭넓은 지지를 받았다. 그 배경에는 유니클로식이라고 할 수 있는 비즈니스 모델이 두 가지 있다.

유니클로식① 저스트 인 타임 Just In Time

첫째는 생산 대부분을 임금이 저렴한 중국에 위탁하는 '중국 생산 방식'이다.

대부분 일본계 의류품 업체와 소매 업체도 중국 생산품을 대량으로 생산, 수입하고 있었지만, 유니클로는 상하이 주변의 장쑤성 등에 전문 위탁 공장을 50여 곳 확보하고 수만 벌 이상의 대량 발주를 통해 원료와 가공비를 낮췄다.

여기에 단납기 短納期와 공장입지의 집중으로 물류비를 낮추고 엄격한 품질 관리를 통해 질을 높였다.

또한 SPA Speciality retailer of Private label Apparel; 옷의 생산에서 유

통, 판매까지 자체적으로 담당하는 방식-옮긴이 방식을 도입했지만 미쓰비시 상사 등 대형 상사를 이용해 재고를 남기지 않으면서 납품의 안정성도 보장받는 교묘한 수법을 구사했다.

유니클로식 ② 의류를 '공업품'으로 제공

둘째는 '의류는 유행을 따른다'는 어패럴 업계의 상식을 뒤엎고 '소비자는 구입 후 바로 입을 수 있는 소모품을 원한다'는 생각을 바탕으로 의류를 '공업 제품'으로 공급하는 자세를 취했다.

기본형 상품을 가게의 전면에 진열하고, 티셔츠는 흰색과 기본 색상만 갖추어 놓는다. 캐주얼 셔츠 등도 디자인과 색상의 가짓수를 줄였다. 경쟁자인 대형 슈퍼스토어의 의류품 매장이 유행을 좇아 진열대의 아이템 수를 늘린 반면 유니클로는 역행이라도 하듯 상품의 가짓수를 줄여 단품성 매출을 늘리는 방법으로 SPA의 효율성을 높였다. 이러한 '저스트 인 베스트' 자세가 오히려 고객의 마음을 사로잡았다.

10년 전 플리스 붐이 일었을 때는 제조와 판매를 일원화하는 SPA 모델을 통해 도매업자 등 중간 유통을 배제하고 비용을 억제해 낮은 가격을 실현한 것이 높은 평가를 받았다. 이른바 '중간 과정 배제'라는 성공 방식을 통해 궁극적인 목표인 '공장 출고가'를 실현한 것이다. 이것이 2000년을 전후하여 유니클로가 높은 평가를 받을 수 있었던 원점이 되었다.

그러나 기본형에만 치우친 상품 구성과 대히트에 대한 반발심으로 고객이 발길을 돌림에 따라 매출이 급락했다. 2002년 8월기에는 4,800억 엔의 매출 목표를 세웠지만 실제로는 3,416억 엔전기 대비 28.6퍼센트 감소에 그쳤다.

위기 상황이었던 2002년 11월, 새로운 사장에 취임한 다마쓰카 겐이치 사장 겸 COO는 "3,000억 엔의 매출을 유지하는 가운데 이익 구조가 튼튼한 업체로 되돌리겠다. 유니클로의 강점과 약점을 원점에서 철저히 재검토하고 상품 강화와 조직 풍토 개혁을 단행해 나갈 것이다."라고 강조했다.

그리고 당시 과잉 생산했던 상품을 가격 인하 방법 등으로 모두 소진했다. 또한 매장의 판매 추이와 생산의 균형을 맞추는 시스템을 구축해 재고를 줄임과 동시에 소매업의 생명인 상품력 향상에 힘을 쏟았다.

'상식을 깨는 마케팅'이 유니클로 독주의 길을 열었다!

유니클로 매장에는 남녀노소를 가리지 않고 다양한 사람들이 찾아온다. 모든 고객층에 대응하는 매장. 다만 배가 나온 중노년층을 대상으로 한 상품이 조금 적은 것이 눈에 띄는 정도다.

가족 단위의 고객, 친구와 함께 오는 고객, 커플 고객……. 유니글로를 이용하는 고객의 성별과 연령, 라이프 스타일은 매우 다양하다.

이와 관련하여 고객의 소비 동향을 정확히 파악하지 못했다고 보는 시각도 있지만, 사실은 여기에 유니클로의 특징이 있다. 현재의 마케팅 이론은 고객층을 계획적으로 상정하고 경영 자원을 집중함으로써 매출을 높이려 한다. 그런데 유니클로는 이 이론을 과감하게 무시했다.

'고객층을 좁히지 않는다.'

이러한 모호함이 유니클로의 강점을 지탱하는 경영 전략의 근간을 이루고 있다.

2008년 여름에 도쿄 하라주쿠의 메이지 거리에 있는 유니클로 기함점旗艦店과 GAP 기함점 근처에 H&M Hennes & Mauritz이 매장을 열었다. 그리고 2009년 4월에는 미국에서 급성장한 '포에버21 FOREVER 21'도 H&M과 인접한 지역에 매장을 열었다.

두 곳 모두 개점 초기에는 고객이 뜸해진 일본 전문점 기업이나 슈퍼스토어의 의류품 매장을 비웃듯 고객들로 인산인해를 이루었다. GAP이 창시한 SPA 모델에 '패션감각'을 더한 것이 H&M과 포에버21이다.

패스트패션 Fast Fashion은 최신 트렌드를 즉각 반영한 상품을 짧은 사이클로 대량 생산해서 판매하는 패션 브랜드나 업태를 가리킨다. '패스트패션'은 이제 세계적인 흐름으로 자리잡게 되었다.

GAP을 'SPA 1세대'로 본다면 H&M 등의 신흥 세력은 GAP에서 한 발짝 더 진보한 'SPA 2세대'라고 할 수 있는데, 유니클로는 어디에도 속하지 않는다.

H&M이나 포에버21로 몰려드는 고객은 10~30대 여성으로, 어라운드40로 불리는 40세 전후의 고객은 보이지 않는다. 한편 유니클로에는 성별과 연령, 라이프스타일을 불문하고 폭넓은 고객층이 찾아온다.
 H&M 등이 타깃을 명확하게 정하고 고객층의 지지를 확고히 한 반면 유니클로의 고객층은 명확하지 않다. 이 점에 대해 야나이는 이렇게 말했다.

 "우리는 다양한 사람들이 좋은 캐주얼을 입을 수 있도록 제공하는 새로운 일본 기업이다. 패션 감각이 뛰어난 사람뿐만 아니라 연령이나 성별에 상관없이 누구에게나 문을 열어 놓고 있다. '첨단 패션이나 틈새뿐만 아니라 대중의 시장을 획득한다.' 이것이 우리의 변함없는 기본 전략이다."

 과욕이 보이는 마케팅이라고 할 수 있다.
 패스트 리테일링은 유니클로 사업을 주축으로 글로벌 전략과 그룹 사업의 강화를 통해 더 큰 성장을 꾀하고 있다. 그러나 패스트 리테일링이 중수증익의 기조를 유지하기 위해 IT에 아낌없이 투자한다는 사실은 예상외로 잘 알려져 있지 않다.

현재 유니클로 매장은 일본뿐만 아니라 외국에도 진출해 있다. 사업을 확장함에 따라 범용기 중심의 시스템에서 클라이언트 서버 시스템_{컴퓨터를 서버와 클라이언트로 나눠 운용하는 체계}, 더 나아가 개방화를 꾀하는 업무 시스템으로 진화시켜 왔다.

지금까지의 시스템은 매출액 6,000억 엔을 중심으로 구축되었다. 그러나 2010년 매출액 1조 엔 달성을 목표로 정함에 따라 경영 기반을 뒷받침하는 시스템으로 변화해야 할 필요성이 생겨나게 되었다.

패스트 리테일링은 IT 투자에 관해 '컴퓨터 시스템을 만들 생각은 없다. 업무 과정의 혁신과 새로운 비즈니스 모델 창출 등 업무 시스템의 개혁이라는 시점에서 시스템을 구축하고 있다.'는 자세를 견지하고 있다.

2004년의 기간 시스템 쇄신에 이어 2007년의 플랫폼 재정비를 지원한 곳은 컴퓨터 대기업이었다. 패스트 리테일링은 대기업에 의뢰해 먼저 서버 성능을 향상시킴으로써 일괄 처리Batch Processing와 트랜잭션 처리Transaction Processing; 정보 처리 형태의 일종 속도를 크게 향상시켰다.

이를 통해 다음날 아침이면 일본 내 모든 매장의 상황을 상세하게 파악할 수 있을 뿐만 아니라 미국과 영국, 아시아 등 해외 거점의 매출 관리 속도도 향상시켜 더욱 신속하게 판단하고 결정을 내릴 수 있게 되었다.

더불어 선마이크로시스템즈Sun Microsystems, Inc.의 EAI 제품 'Sun Java CAPS'를 도입하여 설계에서 개발, 운용까지 지원하고 복수 시스템의 원활한 연계를 실현하면서 만에 하나 장애가 발생하더라도 시스템 전체에 끼치는 영향을 신속하게 파악해 빠르게 대응할 수 있는 시스템을 구축했다.

또한 패스트 리테일링은 업무 서버 또는 부문 서버로 가동하고 있는 300~400대에 이르는 서버의 운용 상황을 시각화해 통합과 마이그레이션Migration; 이행·변환 작업을 통한 플랫폼 최적화도 꾀했다.

홀딩스로서 하루 단위의 매출 관리 등 그룹 기업 각 사의 경영 전반에 대한 관리는 앞으로도 끊임없이 계속될 것이다.

UNIQLO 틈새시장으로 찾은 성공 방정식

소비 심리가 심각하게 얼어붙고 있다. 얼마나 심각한 수준일까?

2009년 2월의 백화점 매출액은 전년도보다 11.5퍼센트나 감소했다. '1개월 기준으로 약 11년 만의 두 자릿수 감소'다. 정부의 가계 조사에서는 2월의 소비 지수 2인 이상 세대, 속보 기준가 전년 동월 대비 3.5퍼센트 감소하여 12개월 연속 감소했다.

두 가지 통계를 기준으로 살펴보면 소비 의욕 감퇴는 상당히 심각해 보인다. 저가 판매로 성장한 디플레이션형 사업 모델 기업이 호조인 것도 소비자가 절약 지향적 성향을 강화하고 있다는 증거가 된다.

디플레이션은 물가가 지속적으로 하락하는 경제 현상인데, 물가의 하락은 동시에 화폐 가치의 상승을 의미한다. 같은 금액의 화폐로 더 많은 물건을 살 수 있기 때문이다. 그러나 같은 액수의 돈으로 더 많은 물건을 살 수 있는 동안은 그것이 얼마나 심각한지 잘 모른다. 빌딩에서 뛰어내린 사람이 낙하 지점까지는 살아 있는 것과 같다. 결국은 죽게 되지만_{경제 파탄 또는 재정 파탄} 그 전까지는 기분이 괜찮다. 이 현상을 디플레이션 스파이럴_{Deflation Spiral}이라고 한다.

일본에서는 디플레이션형 기업이 성공을 구가하고 있지만 그 안에서도 명암은 확실히 갈리고 있다. 기존 매장의 의류품 매출액을 비교해 보면, 유니클로는 2008년 9월부터 2009년 2월까지 누계 매출액이 12.9퍼센트 증가하는 호조를 보였다.

한편 유니클로의 호적수인 '시마무라'는 한 번도 전년도를 웃도는 실적을 내지 못했다. 겨울 시즌인 2008년 12월부터 2009년 2월까지는 전년도의 매출액을 7~9퍼센트나 밑돌았다.

이에 대해 시마무라의 노나카 마사토 사장은 다음과 같이 말했다.

"소비 부진을 지나치게 의식한 나머지 냉정함이 부족했다."

소비자가 지갑을 닫았다고 판단되면 저렴하다는 인식을 심어주는 전략을 세우는 것이 상식이다. 그러나 겨울 시즌만 놓고 보면 그 효과는 미약했다.

"경계해야 할 것은 오히려 따뜻한 겨울이었다."는 노나카 사장의 말처럼 평년보다 따뜻한 겨울 대비 상품 전략을 취했다면 결과는 달라졌을지도 모른다.

야나이가 "불황을 핑계로 삼는 경영자는 필요 없다."는 냉철한 모습을 변함없이 보여주었지만 "날씨만큼은 도저히 이길 수가 없다."는 말로 의류품의 숙명을 웃어넘겼다.

유니클로는 품질이 우수한 '히트텍' 등을 전면에 내세워 소비 불황과 따뜻한 겨울을 극복했다. 통계 수치가 악화되면서 불황에 돌입한 재작년 가을 이후 수많은 소매 및 외식 기업은 소비 의욕 감퇴를 지나치게 의식했다. 그러나 '소비 부진'이라는 관념에 사로잡히지 않고 소비자들의 구매 의욕을 부추길 여지는 충분했었다. 유니클로는 '히트텍' 등으로 그러한 소비자의 심리를 정확히 꿰뚫어 보았다.

'히트텍'은 실용 의류와 패션의 중간쯤에 해당된다. 그래서 구분이 매우 모호한데, 이것이 바로 유니클로의 특성이다. 생활필수품 중에서 중노년층을 대상으로 한 의류품은 예나 지금이나 GMS종합 소매점에서 구입할 수 있고, 젊은 층을 대상으로 한 패션 브랜드는 전문점에 구비되어 있다.

그런데 이 중 어디에도 속하지 않는 '중간', 즉 '다양한 세대와 성별을 대상으로 적당한 패션성을 갖춘 저가의 기본 의류품' 시장은 너무 거대해서 당연한 것으로 고정되었기 때문에 모든 경영자가 간과하고 있었다. 즉 틈새시장이었다.

유니클로는 이 시장을 노리고 품질과 가격 경쟁력에 힘을 쏟았다. 실용성이 뛰어나고 품질이 좋으며 기능성이 우수하면서도 저렴하고, 기호나 감성에 상관없이 누구나 갖고 싶을 만큼의 가치가 있는 의류품을 만드는 데 집중했다.

'이 강점은 세계에서도 통한다.'

현재 야나이는 이러한 자신감에 차 있다.

플리스 붐이 일던 10여 년 전, 사람들은 유니클로의 성공 비밀이 유통 과정의 생략에 있다고 말했다. 그러나 현재 SPA를 도입한 기업들이 모두 기세가 꺾인 가운데 유니클로만 독주하고 있다. 중간 유통의 생략만으로는 유니클로의 상품 특성을 설명할 수 없다.

SPA 모델은 제조와 판매를 일원화한 체제로, 그 정도精度는 기업에 따라 다르다. 세계의 SPA형 기업은 대부분 제조

업에서 소매업으로 변신을 꾀해 성공했지만 패스트 리테일링은 그 흐름과는 반대로 소매업으로 시작해서 제조업에 발을 들여놓았다. 패스트 리테일링은 비즈니스 모델에서 차별화를 꾀했고, 그것이 유니클로의 강점을 뒷받침하고 있다.

소비자의 적극적인 구매 욕구는 '품질이 생각했던 것보다 좋고 가격이 저렴하다'고 평가될 때 일어난다. 소비자는 물건을 살 때 의식 또는 무의식적으로 항상 이러한 계산을 하며, 그 답이 자신의 예상보다 크면 흥분하고 그 매장에 대한 충성도 또한 높아진다.

이렇게 볼 때, 고객이 예상하거나 기대하는 수준에 맞춰 상품의 품질과 가격을 정하면 소비자의 불만은 없겠지만 고객의 폭발적인 관심을 높이지는 못한다. 이 정도로는 '히트텍'과 같은 성공은 거둘 수 없다. 패스트 리테일링은 이 점에서 다른 회사와 커다란 차이점이 있다.

PART 2
전략적 파트너십으로 차별화하라

현재의 유니클로식은 가장 상류에 위치한 소재에서 독자성을 드러냄으로써 경쟁사와 결정적인 차별화를 만들어내고 있다. 이렇게 해서 유니클로는 소비자를 붙잡을 힘을 가지게 된 것이다. 이는 ZARA나 H&M도 가지지 못한 경쟁력을 손에 넣은 것으로, 섬유 기술 대국인 일본의 저력을 누린다고 볼 수 있다.

짧게 끝나버린 '유니클로식' 전성시대

2000년 전후에 소매 업계를 경악시켰던 플리스의 선풍적인 인기는 '저스트 인 타임'과 '의류는 공업 제품'이라는 '유니클로식' 비즈니스 모델의 전성기를 열었다. 그러나 그 전성기는 오래 지속되지 못하고 막을 내렸다.

한때는 '일본 경제의 구세주', '디플레이션의 승리자'라고 언론에 대대적으로 소개되면서 현재와 같은 평가와 찬사가 쏟아졌지만, 얼마 지나지 않아 유니클로라는 제목과 활자는 자취를 감추었다.

그 열풍의 절정기였던 1999년 9월기 결산에서 유니클로는 매출액 1,110억 엔을 돌파했고, 패스트 리테일링은 그 기세로 해외 진출을 시도해 2001년 9월 말에 영국 런던에 첫 번째 해외 매장을 여는 등 순항을 계속했다. 그러나 소비자들은 유니클로의 기본형 상품에 금방 싫증을 냈고, 거리에서 똑같은 옷을 입은 사람과 마주치는 것에 짜증을 느꼈다.

유니클로에서 구입한 제품은 '다른 사람이 안 입을 때까지 기다린다. 그러면 입을 수 있다.' 이것이 이상적이지만, 유행을 좇지 않는 사람들은 튼튼한 유니클로 제품을 계속 착용했다.

그러나 다수의 소비자는 패션성이 높은 상품, 차별화할 수 있는 상품을 원했다. 따라서 유니클로의 쇼핑백은 가게를 나온 순간 감춰지기 일쑤였다.

고객 이탈은 실적에 그대로 반영됐다. 2002년 8월기 결산에서 패스트 리테일링은 매출액 3,416억 엔_{전기 대비 18.4퍼센트 감소}, 영업 이익 547억 엔_{전기 대비 46.9퍼센트 감소}을 계상해 상장 이래 처음으로 큰 폭의 감수감익을 기록했다. 13기 연속으로 증수증익을 달성한 패스트 리테일링으로서는 굴욕적인 결산 내용이었다.

항상 자신감에 찬 발언으로 유명한 야나이도 결산 발표 기자 회견에서 다음과 같이 말하며 씁쓸함을 감추지 못했다.

"정말 유감스러운 일입니다. 처음부터 다시 시작하려 합니다."

유니클로가 좌절을 겪게 된 요인이 소비자들의 패션성 추구에 있다는 것은 패스트 리테일링도 알고 있었다. 그러나 어패럴 업계 특유의 시스템이 신속한 방향 전환을 저해하고 있었다.

패션성을 높이려면 고객의 다양한 취향에 맞춰 신속하게 상품을 만들고 판매해야 한다. 이것은 제조의 관점에서 보면 '다품종 소량 생산'이 되는데, 당시 유니클로의 중국 협력 공장은 전형적인 '소품종 대량 생산' 모델이었다.

예를 들어 11월 무렵부터 판매하기 시작하는 플리스는 6월경에 발주해 7~8월경에 생산하지 않으면 기간에 맞출 수 없다. 완전한 예측 생산 방식으로, 그 해의 유행이나 기후에 맞춰 생산하는 것이 고작일 뿐 패션성을 높이는 것은 사실상 무리였다. 게다가 다품종 소량 생산을 하면 비용이 상승해 저가격 노선이 유지될 수 없다.

이러한 딜레마를 반영한 패스트 리테일링의 매출액은 2001년 8월기 결산의 4,185억 엔을 정점으로 감소세로 돌아선 이래 매달 전년도의 같은 달보다 하락하는 후퇴기에 접어들었다. 이 현상은 하락이 멈춘 2003년 7월까지 2년에 걸쳐 지속되었다.

후퇴기인 2001년 9월에 패스트 리테일링은 해외 진출을 시도하여 런던 등지에 4개 매장을 열었고, 이후 상하이 등지에 매장을 구축했다. 2002년 9월에는 '나가타 농법'으로 기른 채소와 과일을 판매하는 회사인 'FR 푸즈'를 설립해 비의류품 분야에도 진출했다.

그러나 확고한 철학이 없는 해외 진출과 사업의 다각화는 실패로 끝났고, 패스트 리테일링의 잉여 자산만 축내는 결과를 낳았다.

유니클로는 플리스로 기업 규모를 단숨에 키웠지만, 급성장한 기업에서 흔히 볼 수 있는 '경영층과 중간 관리자층의 인재 부족 문제'에 직면함과 동시에 관리 체제의 미숙함이 드러났다.

성공과 실패

 급성장한 기업은 대부분 이 단계에서 성장이 멈추고, 현상 유지를 하거나 자칫하면 쇠퇴하다가 결국 파산으로 이어지기도 한다. 패스트 리테일링은 이러한 전철을 밟지 않기 위해 대형 상사와 컨설팅 회사에서 인재를 스카우트해서 부족한 부분을 채우려 했다.

 이 과정에서 아사히 유리와 일본 IBM을 거쳐 패스트 리테일링에 스카우트된 인물이 다마쓰카 겐이치로다. 그는 2002년 11월에 사장 겸 COO로 취임했다. 이 인사를 계기로 야나이는 회장으로 물러났다.

 다마쓰카는 39세에 상무에서 사장으로 승진했는데, 입사한 지 불과 4년 만이었다. 그는 게이오 대학 재학 시절 럭비부에 소속되어 대학 선수권 출전 멤버로 활약한 스포츠맨이었다. 다마쓰카는 졸업과 동시에 아사히 유리에 입사해 일본 IBM으로 옮겼는데, 실적을 올리지 못한 채 4개월 만에 패스트 리테일링에 입사했다.

그는 패스트 리테일링에 입사한 후 유니클로의 해외 매장 1호점인 런던점을 세우고 영국 자회사의 화장 겸 사장으로 취임했으며, 2001년에 패스트 리테일링의 상무, 2002년 6월 1일에는 부사장, 그리고 반년도 지나지 않아 사장에 취임하는 이례적인 초고속 출세로 매스컴으로부터 주목을 받았다.

야나이가 18년 동안 몸담았던 사장 자리에서 물러나고 다마쓰카가 취임하는 과정에서 매스컴은 표면에 드러나지 않은 사실에 주목했다. 야나이의 심복이자 사실상의 2인자이며 패스트 리테일링의 대변인 같은 존재였던 44세의 사와다 다카시 부사장이 다마쓰카와 교체되는 형식으로 퇴임한 사실이다.

"다마쓰카는 2002년 6월 1일자로 사와다의 후임인 부사장으로 승진된 후 11월에 사장으로 취임하는 과정을 거쳤다." 관계자 야나이는 사와다가 아니라 다마쓰카를 사장으로 기용한 이유를 다음과 같이 설명했다.

"사와다 부사장에게 차기 사장 취임 의사를 타진해 봤지만 그가 사양했기 때문에 다마쓰카 전무를 선택할 수밖에 없었다."

그러나 이 설명은 구차한 면이 있다. 2002년 4월에 패스트 리테일링은 매장 매출액이 전년보다 42.9퍼센트 감소했으며 내점 고객 수도 전년 대비 35.8퍼센트 감소하는 등 과거 최악의 부진을 기록했다.

따라서 경영 체제를 일신하기 위해서는 경영 위기를 초래한 책임을 명확히 할 필요가 있었다. 그 복선으로 2002년 3월에 사와다 부사장이 직접 관할하는 사내 최강의 상품 기획 담당 부서인 '영업 전략 기획팀'이 발족한 지 반 년 만에 해산되었고, '유니클로 디자인실'이 개설되어 외부 디자인을 도입했다.

이러한 대대적인 개혁을 최종적으로 결정한 사람은 야나이다. 즉 이토추 상사 출신으로 상품 본부장을 담당해 온 사와다 부사장이 실적 악화의 책임을 지고 스스로 물러나는 것처럼 만들어 안팎의 비난을 피하려 한 것이 이번 인사의 가장 큰 목적이었다.

야나이 사장은 '젊은 피의 수혈'이라 표현했지만, 결국은 담당자에게 책임을 추궁하고 다마쓰카를 총알받이로 내세운 것이다.

한편 야나이는 실패로 끝난 나가타 농법으로 재배한 고급 토마토 판매나 다카라토미TAKARA TOMY와 제휴한 전기자동차 판매 등 신규 사업 개척에 전념한다는 명분으로 경영 책임을 회피하려 한 것이 사장 인사의 주된 동기였을 것이다.

당시 이러한 비판을 뒷받침하듯 야나이는 4월 중순에 열린 중간기 결산 발표 석상에서 자사의 실적 악화 원인에 대해 자신의 경영 책임을 언론에 전가하는 발언을 했다.

"가장 큰 원인은 언론 보도에 있다."

'원점'에서 재출발!

현장 경험이 없는 다마쓰카 사장은 해외 진출 사업처럼 기존 업무의 연장선에서 새로운 시도를 보여주었지만 '저렴하면서 괜찮은 품질', '기본형 의류 제공'이라는 유니클로의 콘셉트 자체에는 손을 대지 않았다.

창업자인 야나이가 구축한 비즈니스 모델을 외부에서 고용된 월급쟁이 사장이 뒤엎는다는 것은 '제 목을 조르는' 행위였을지도 모른다. 이것은 '성공의 복수_{과거의 성공 체험이 결과적으로 다음 성공을 방해한다는 의미-옮긴이}'이며 '창업자의 벽'이기도 했다. 결국 유니클로의 위기는 보이지 않는 형태로 진행되고 있었다.

2005년 8월기의 매출액은 3,839억 7,300만 엔으로 전기보다 조금 증가했지만 영업 이익은 566억 9,200만 엔으로 전기 대비 11퍼센트 감소했다. 기존 매장의 매출과 영업 이익이 전년도보다 나아진 달은 1년을 통틀어 다섯 번밖에 없었다.

고객이 매장을 나오면 봉투를 감춰 유니클로에서 물건을 샀다는 것을 숨기는 분위기가 심해진 2005년 전후에는 '유니바레_{바레는 '들키다'라는 뜻—옮긴이}'라는 말까지 등장했다. '유니클로를 입은 것이 드러나면 창피하다.'는 생각을 표현한 말이다.

"'유니클로여도 괜찮다.'로는 안 된다. '유니클로가 아니면 안 된다.'여야 한다."

그래서 이 해에 'R&D 센터'가 만들어졌다. 그리고 2005년 8월에 다마쓰카 사장이 사임하고 야나이가 회장 겸 사장으로 복귀했다.

패스트 리테일링은 '원점'에서 재출발하려는 시도를 단행했다. 다마쓰카 사장이 퇴임한 충격이 채 가라앉기도 전인 2005년 9월 10일, 패스트 리테일링은 도쿄 긴자에 유니클로의 첫 여성 속옷 전문점인 '보디 바이 유니클로'를 개점했다.

유니클로도 여성 속옷을 취급하고는 있었지만, 남성들도 같은 층을 출입했기 때문에 '속옷을 편안한 마음으로 구경하고 구입하는 매장이 있었으면 좋겠다.'는 여성 고객의 의견이 많았다. 전문점이라면 상품의 가짓수도 풍부하고 고객과 판매원이 여성이기 때문에 부담 없이 입어볼 수 있다.

'2010년에 매출액 1조 엔 달성'이라는 목표를 세운 유니클로에 전문점 사업은 중요한 전략이며, 또한 아동복 전문점을 낸다는 계획도 세웠다. 그리고 9월 9일에 다마쓰카가 IT 관련 기업인 브로드밴드 타워BroadBand Tower, Inc.의 사외이사로 취임한 사실이 알려졌다.

패스트 리테일링이 최악의 결산을 기록한 2002년으로 되돌아 가 보자. 도쿄 시부야 구 오야마초에 저택이 건설되기 시작했다. 오야마초는 오다큐선 요요기우에하라 역에서 걸어서 몇 분 거리에 있는 지역으로, 당시 땅값이 하락하고 있다고는 하지만 평당 200만 엔 이하로는 떨어지지 않는 고급 주택가다.

부지 면적만 약 2,600평약 8,600제곱미터인 이 땅은 원래 외국인의 저택이 있던 곳으로, 시부야 구가 특별양로시설 건설을 목적으로 구입했었다. 그러나 시부야 구는 이미지를 해친다는 주민들의 반대 여론으로 특별양로시설을 건립할 수 없었다. 토지 처분에 골머리를 앓던 시부야 구는 매각을 위해 일반 경매 입찰을 택했고, 결국 야나이에게 낙찰되었다.

야나이의 입찰 금액은 85억 엔으로 예상 낙찰 금액을 크게 웃돌았다. 그래서 인근 주민들 사이에서는 "높은 가격에 매각되면 부근의 땅값 상승을 초래해 고정 자산세가 증가한다"는 우려의 목소리도 있었다.

당시 야나이는 패스트 리테일링의 본사가 있는 야마구치 우베 시에 자택을 소유하고 있었고 회사가 최악의 결산을 기록한 시기였기 때문에 안팎에서 비난 여론이 일었던 것도 사실이다. 오너 경영자가 자택을 어디에 짓든 외부에서 왈가왈부할 문제는 아니지만, 당시 야나이에 대한 비난이 얼마나 거셌는지를 말해준다.

2002년 당시 패스트 리테일링은 '상품 구성 강화'를 슬로건으로 내세우는 한편 '향후 3년 동안 신규 매장을 연간 100곳씩 개장한다.'는 3개년 계획을 세우고 의욕을 불태웠다. 그러나 이것은 매장 면적이 500제곱미터 미만인 소규모 매장을 폐쇄하고 650제곱미터 이상으로 늘린다는 방침으로 선회하여 3년 후인 2005년까지 '750~800매장 체제'를 목표로 삼게 되었다. 그리고 이에 따라 스태프의 육성에도 힘을 쏟았다.

이 해 9월 말에는 중국 상하이에 지점 두 곳을 열고 플리스와 재킷 판매에 나섰는데, 이미 진출한 런던점에 이은 두 번째 해외 진출이었다. 이에 대해 야나이는 "중국의 캐주얼 의류 업계 1위를 목표로 2010년까지 기업 규모를 일본과 같은 수준으로 끌어올릴 계획"이라며 강한 의욕을 내보였다.

이 구상은 2009년에 구체적인 형태를 갖추기 시작했는데, 당시 라이벌 회사들은 "런던점이 정상 궤도에 오를지 명확하지 않은 상황에서 중국 진출은 시기상조"며, "유통업뿐만 아니라 어떤 사업이든 중국에서 성공하려면 상당한 시간과 인내가 필요하다"는 우려의 목소리를 냈다.

어긋난 성장 전략

　패스트 리테일링의 성장 전략은 기본 사업인 국내 판매와 해외 진출, 그리고 신규 사업 개발을 통한 사업다각화 등 크게 세 가지로 요약된다.

　사업다각화는 2002년에 전액 출자로 설립된 'FR 푸즈'로 출발했다. 이 회사를 통해 500~600곳의 국내 농가와 일부 해외 농가가 협력해 저농약 채소와 과일, 쌀, 우유, 달걀 등을 인터넷으로 판매한다는 계획을 세우고, '첫해 매출액 16억 엔'이 목표라고 공표했다.

　'SKIP'라는 브랜드로 판매를 개시한 FR 푸즈는 2002년 10월부터 회원제와 인터넷 판매를 시작했다. 그리고 2003

년 5월에는 도쿄 긴자의 마쓰야 백화점에 상설 매장을 열었으며, 세타가야 가미노게점과 요코하마 CIAL점 등 4매장 체제를 갖췄다.

그러나 '타 슈퍼마켓보다 채소가 20퍼센트 비싸다'는 점에서 소비자들의 마음을 사로잡지 못했고, 진출 속도는 계획을 밑돌았다. 3년 후 흑자 전환을 사업 지속 판단 기준으로 삼았지만 채산성을 맞출 수 없어 철수할 수밖에 없었다.

런던 진출도 실패했다. 2001년 9월 영국에 상륙해 21개 매장까지 확대했지만, 2003년 3월에는 런던 주변의 6개 매장으로 축소했다. 기업 문화를 포함한 경영 인프라가 제대로 갖춰지지 못했고, 3년 안에 50개 매장 개점이라는 목표를 위한 과도한 초기 투자와 지나치게 덩치가 컸던 본부가 짐이 되어 경영 흑자를 기대할 수 없었기 때문이다.

이것은 발전적 축소라고도 할 수 있는데, 상하이에 진출할 때는 이 경험을 토대로 신중하고 철저한 준비로 2002년 9월에 1호점을 열었다. 그리고 2003년 8월 말에는 중국 매장을 6개까지 늘렸다.

당시에도 패스트 리테일링의 자금은 풍족했다. 2003년 2월 중간기말의 현금과 현금 동등물 잔고는 1,373억 엔이었으며, 유니클로는 업계 굴지의 영업 이익률 2002년 8월말기 16퍼센트을 자랑했다. 다만 나가타 농법의 채소 판매와 해외 진출의 실패는 비싼 수업료였다고 할 수 있다.

유니클로의 'V자 상승'은 티셔츠에서 시작되었다

다양한 색상의 기본형 티셔츠만 판매하던 유니클로의 진열대에 디자인에 신경을 쓴 티셔츠가 등장하기 시작했다. 자연히 진열 아이템 수가 증가했고, 단기간에 상품을 교체하는 수고도 늘어났다.

판매가 저조한 상품은 출시 2주 후 주말 세일로 처분하여 재고 증가를 억제시키면서 기본형 의류에서 패션감각이 뛰어난 의류로 전환하기 시작했다. 사내에는 2002년에 설립한 '유니클로 디자인 연구실' 현 도쿄 R&D 센터이 있었지만, 2004년 말 미국 뉴욕 주에 '유니클로 디자인 스튜디오'를 만들어 패션성을 추구하는 디딤돌을 마련했다.

세계의 SPA 기업을 의식했는가는 차치하더라도, 이러한 변화는 세계를 상대로 사업을 펼쳐가는 의류품 SPA 기업군이 보이는 특성이다. 스페인의 'ZARA'와 스웨덴의 'H&M'도 마찬가지다. ZARA는 2주 안에 상품의 40퍼센트가 바뀔 만큼 상품 주기가 짧다. 이는 소비자의 미묘한 구매 심리 동향을 읽으면서 대응하는 '해바라기형' 어패럴의 전형이라 할 수 있다.

H&M은 사내에 디자이너 100명을 보유하고 독자성이 높은 상품을 전면에 내세우고 있다. 또 디자이너는 한 달에 한 번의 해외 출장으로 사람들의 수요와 기호를 파악함과 동시에 다양한 문화를 접하고 그 경험을 바탕으로 새로운 디자인을 만들어내는 독특한 방식을 취하고 있다.

H&M은 칼 라거펠트Karl Lagerfeld 등 저명한 디자이너를 활용해 상품을 개발하는데, 유니클로도 2009년 3월에 패션 디자이너 질 샌더Jil Sander와 계약을 맺어 패션성을 한층 높이는 방향으로 나아가고 있다.

ZARA와 H&M은 패스트 리테일링의 라이벌인 동시에 플리스 붐이 상징하는 과거의 유니클로 모델을 타파하는 계기를 만들어 주었다.

도레이와
전략적 파트너십으로
차별화를 꾀하다

 대히트를 기록한 플리스 이후 유니클로는 이렇다 할 히트 상품을 내놓지 못했다. 2002년 여름에는 땀이 금방 마르는 속건성速乾性을 강조한 '드라이웨어'라는 상품을 선보였지만, '피부에 닿는 감촉을 생각한다면 면 100퍼센트 상품을 선택하겠다.'는 소비자가 많아 히트 상품이 되지 못했다.

 드라이웨어는 피부에 닿는 감촉이 면 100퍼센트 제품에 비해 떨어졌다. 피부가 건조한 노년층에게는 까슬한 느낌이 좋을지 모르지만 젊은 층에서는 환영받지 못했기 때문이다.

 그런데 드라이웨어의 실패가 의외의 결과를 가져왔다.

2009년 5월, 유니클로의 각 매장에서는 3개월 전에 발매한 여름철 여성용 신제품 '사라파인'이 품귀현상을 빚기 시작한 것이다.

패스트 리테일링과 도레이TORAY, 아사히 화성이 제휴하여 개발한 소재로 만든 이 상품은 습기를 흡수하고 내보내는 기능을 가진 특수한 섬유로 산뜻한 느낌을 유지시켜주었다.

'더운 여름철에도 몸에 달라붙지 않고 기분 좋게 입을 수 있는 속옷을 만들 수 없을까?'

이 아이디어의 실용화를 위해 패스트 리테일링은 2005년부터 움직였지만 자체 힘만으로는 상품화가 불가능했다. 따라서 각자의 영역에서 최고를 구가하는 도레이와 아사히 화성에 협력을 요청하게 되었고, 두 회사가 승낙함에 따라 상품화 프로젝트가 활기를 띠기 시작했다.

'충분히 수분을 흡수할 수 있는가?', '감촉은 어떠한가?', '원하는 색을 구현할 수 있는가?' 등이 개발 착수 과제로 떠올랐다. 이 문제를 해결하기 위해 시제품을 만들고 수정하기를 60회 이상 반복했고, 상품화에 성공하기까지 1년이라는 기간이 소요됐다.

유니클로는 이렇듯 기존의 비즈니스 모델을 탈피하기 위해 움직였다. 2006년 6월에 전략적 파트너십을 목적으로 도레이와 맺은 업무 제휴는 자본 관계는 없었지만 두 회사가 공동으로 버추얼 컴퍼니를 설립하기에 이르렀다.

직물과 그 전 단계인 실, 나아가 원료인 수지를 생산하는 도레이는 신소재를 개발하기 위해 반드시 필요한 파트너였다. 유니클로는 소재로 눈을 돌림으로써 디자인이 아닌 기능성에서 차별화를 꾀했다.

패스트 리테일링과 섬유 업체의 협력 체계가 본격적으로 가동된 시기는 2000년 이후부터다. 이 해 4월 야나이는 모든 이사들을 대동하고 도레이의 히라이 가쓰히코 사장을 찾아갔다.

"세계 무대에 진출하기 위해서는 귀사의 기술이 꼭 필요합니다."

야나이는 섬유 분야에서 도레이의 뛰어난 기술력이 필요함을 역설했다. 이 일을 계기로 패스트 리테일링과 도레이는 사실상의 제휴 관계를 구축했다. 도레이 내에 유니클로 전담팀이 만들어졌고, 양사의 개발팀은 매주 상품에 대한 기획회의를 했다.

보습성의 추가로 여성 고객의 지지가 늘어나자 양사의 스태프는 주 3~4회에 걸쳐 미팅을 하고 공장을 찾아가 개량을 거듭했다. 이때 중심적 역할을 한 인물이 니시카와 마사아키 유니클로 컷소·니트·이너웨어 생산 부장이었다.

이후 제품 개발 분야에서 양사의 유기적인 관계는 빠르게 진행되었다.

"우리 회사의 섬유 관련 연구원 수백 명을 유니클로의 연구원이라고 생각해도 좋소."

도레이와의 신뢰 관계는 더욱 돈독해졌다. 고객이 원하는 제품을 기획 단계에서 생산까지 함께하는 인원은 양사를 합쳐서 50명으로, 이 조직이 버추얼 컴퍼니처럼 움직이고 있다.

파트너십 체결 초기의 목표는 2006년부터 5년 사이에 2,000억 엔 규모의 비즈니스로 성장시키는 것이었다. 그러나 현재 그 규모는 2,000억 엔을 넘어섰다. 그리고 그 성과가 바로 2007년 가을에 내놓은 발열·보온 기능을 갖춘 기능성 이너웨어 '히트텍'이다.

신소재를 앞세워 현재 '면 100퍼센트가 주류인 속옷 시장을 공략하자'는 유니클로의 제안에 도레이가 뛰어난 합성 섬유 기술로 화답한 획기적인 상품이다.

히트텍은 몸에서 발산되는 수증기를 흡수하고 발열·보

온 소재를 사용해 따뜻할 뿐만 아니라 겨울철에 옷을 두껍게 껴입지 않아도 된다는 점이 어필되어 폭발적인 히트 상품이 되었다.

'지금까지의 속옷보다 따뜻하다.'

'세련된 기본 아이템으로 착용할 수 있다.'

기능성과 편리성이 소비자의 마음을 사로잡아 2008년에는 2,800만 벌 해외 100만 벌이 팔려 나갔다.

기존에 유니클로식이라고 할 수 있었던 비즈니스 모델은 제조 소매라는 업태에서 중류에 해당하는 봉제 등 가공 분야를 비용이 저렴한 중국에 위탁하고 그것을 잘 관리함으로써 다른 회사와 차별화를 꾀했다. 그러나 이러한 방식은 이온이나 이토요카도 등 대형 유통 기업에 곧 따라잡혔고, 유니클로를 모방한 인하우스 의류점이 만들어졌다.

현재의 유니클로식은 가장 하류에 위치한 디자인과 함께 가장 상류에 위치한 소재에서 독자성을 드러냄으로써 경쟁사와 결정적인 차별화를 만들어내고 있다.

소재 기술은 경쟁사가 세품을 분석하고 연구한다고 해도 '설계도'를 입수하지 않는 한 모방할 수 없다. 이렇게 해서 유니클로는 소비자를 붙잡을 힘을 가지게 된 것이다.

이는 ZARA나 H&M도 가지지 못한 경쟁력을 손에 넣은 것으로, 섬유 기술 대국인 일본의 저력을 누린다고 볼 수 있다. 이는 2000년 전후와는 비즈니스 모델 자체가 크게 변한 패스트 리테일링의 면모를 엿볼 수 있다.

공업품으로 인식시킨 '히트텍'

히트텍은 2008년에 2,800만 벌이 팔렸다. 이것은 오랫동안 유니클로의 대명사처럼 여겨져 왔던 플리스의 연간 판매량 2,600만 벌을 넘어선 판매량이다. 그러나 현재의 히트텍이 상품으로 탄생하기까지의 여정은 결코 순탄치 않았다.

히트텍은 2003년에 여름철 남성용 의류로 출발했다. 그 후 패스트 리테일링과 도레이는 매년 히트텍의 기능을 업그레이드시켰다. 히트텍은 합성 섬유의 각 특성을 기능별로 집합시킨 것으로 크게 네 가지로 나눌 수 있다.

- 따뜻함 → 아크릴
- 보습성 → 레이온
- 흡수 · 속건성 → 폴리에스테르
- 피트성 → 폴리우레탄

시제품은 수백 번에 이르는 수정을 거쳤을 뿐만 아니라 현재 도레이 공장에는 히트텍 전용 라인까지 설치되어 있다. 섬유 회사 공장에 한 가지 제품의 전용 라인이 설치되는 일은 매우 드물다.

히트텍의 소재는 특수 기술을 통해 세계 최고의 유연성을 실현한 폴리머 구조의 폴리에스테르다. 원래 화학 섬유는 면 등에 비해 거칠고 촉감도 나쁘다. 그 때문에 속옷으로 사용되는 일은 없었다. 그러나 히트텍용 폴리에스테르는 면과 차이가 없을 만큼 부드러우면서 화학 섬유 특유의 '기능'이 추가되어 새로운 속옷이 탄생할 가능성을 내포하고 있었다.

플리스의 대히트가 어디에서든 유니클로 제품을 입은 사람을 볼 수 있는 현상을 만들어냈지만, 판매 수량이 비슷한 히트텍은 그 성격이 다르다. 한 사람이 몇 벌씩 구입하기도 하며, 이너웨어 제품에 남성용, 여성용, 상 · 하용, 긴팔 · 반팔, 캐미솔에서 터틀넥까지 아이템의 종류 또한 다양하고 용도도 광범위하다.

플리스도 용도는 광범위한 편이었지만 그보다 더 광범위하다고 할 수 있다. 예를 들어 히트텍 한 벌로 속옷과 겉옷을 겸해 몸이 둔해지는 것을 막을 수 있을 뿐만 아니라 실내용으로도 입을 수 있다. 따라서 시장이 포화되기는커녕 아직도 성장 중인 것이다.

히트텍 담당자가 가장 먼저 도전한 부분은 '보습성'의 향상이었다. 그들은 폴리에스테르에 천연 섬유를 혼합하는 방식을 모색했다. 이 방법은 2003년에 성공했는데 초기 히트텍은 이렇게 탄생했다.

이어서 개발팀은 '착용감'에 눈을 돌렸다. 그리고 시행착오 끝에 화장품의 성분으로 사용하는 보습성이 뛰어난 경화유의 일종인 '스쿠알렌'을 섬유 표면에 바름으로써 감촉이 좋은 상품을 만들어내는 데 성공했다. 이 소재를 채택한 히트텍은 2005년에 발매되어 450만 장을 돌파하는 히트 상품이 되었다.

그러나 도레이와 패스트 리테일링은 소재 개량을 멈추지 않았다. 2007년에는 섬유의 후가공 방식에서 원사의 성분 자체를 바꾸는 방식으로 개량했다. 세탁으로 기능이 손상될 가능성을 배제하기 위해서였다. 그 결과 우유에서 추출한 밀크 프로틴 등을 원사에 배합함으로써 유연성과 보습

효과가 반영구적으로 손상되지 않는 소재를 탄생시켰다.

히트텍의 2008년 판매량은 발매 초기의 10배가 넘는 2,800만 벌을 돌파했다. 겉으로는 차이를 구별할 수 없지만 소재의 기능은 확실히 진화하고 있다. 이렇게 소재 업체와의 협력을 통해 새로운 부가가치를 끊임없이 추구하는 자세는 기존의 어패럴 업계에서 볼 수 없는 시도였다.

히트 상품의 연발은 우연의 산물이 아니다. 오토마 나오키 COO_{최고 집행 책임자}는 이렇게 말했다.

"중요한 것은 지금 판매하고 있는 상품을 기술력을 통해 발전시키는 것이다."

이것이야말로 소매업에서 제조업으로 진출한 기업이기에 가능한 발상이라 할 수 있다.

유니클로의 독주는 지속될까?

'맡기는 경영'을 실현하기 위해서는 현장 수준이 높아져야 한다. 인재 강화뿐만 아니라 외부에서 인재를 확보해야 할 필요성이 생기면 직접 스카우트에 나섰다. 상명하달식 회사 운영이 트레이드마크인 회장 겸 사장인 야나이와 비교하면 후쿠다의 경영 스타일은 매우 대조적이다.

H&M의 충격적인 데뷔

과거 외자계 소매 기업의 일본 진출로 영향을 받은 기업이나 업태는 없었다. 그러나 반대로 큰 기대 속에 진출한 외자계 소매 기업이 일본 시장의 특성에 대응하지 못해 철수한 사례는 많다.

세계 2위의 슈퍼스토어 기업인 프랑스의 까르푸는 일본의 매장을 이온에 넘기고 완전히 철수했으며, 세이유를 발판으로 일본에 진출한 세계 최대의 소매 기업 월마트 스토어스는 고전을 면치 못하고 있다. 또 일본에 직접 상륙한 GAP은 유니클로를 밀어낼 수 있다는 평가를 받기도 했지만 결국 성공하지 못했다. 본토인 미국에서 가격을 유지하지 못하고 고급 캐주얼이 되었기 때문이다.

앞으로 국내외의 패스트패션 기업은 다음의 관점에서 성패가 결정될 것이다.

(1) 품질 수준은 예상대로지만 가격은 저렴하다.
(2) 품질 수준은 예상 이하지만 그 이상으로 가격이 저렴하다.
(3) 품질 수준은 예상 이상이지만 가격은 조금 높다.
(4) 품질 수준은 예상 이상이며 가격은 예상대로다.
(5) 품질 수준은 예상 이상이며 가격은 예상보다 저렴하다.

(4)와 (5)에 해당하는 기업은 국내에서 경쟁을 벌이겠지만 (1), (2), (3)에 해당하는 기업은 도태될 것이다. 외자계 패스트패션 기업의 일본 진출로 양판점의 의류 매장과 백화점의 의류 매장은 큰 영향을 받을 것이다. 한편 유니클로와 시마무라, 포인트 등의 의류품 체인은 적지 않은 영향을 받겠지만 장기적으로는 서로 공존하는 방향으로 나아갈 것이다.

스웨덴의 거대 캐주얼 의류 브랜드인 H&M은 매출액 약 144억 달러를 자랑하는 세계 3위의 의류품 전문점으로 널리 알려져 있다. 일본 진출 1호점인 긴자점 매장 면적 약 1,000제곱미터의 개점 첫날 방문 고객 수가 8,000명을 넘었으며, 일주일 동안 매장을 찾은 누적 고객 수는 5만 명을 돌파했다. 매우 강렬한 인상을 남긴 데뷔전이었다.

2008년 11월에는 하라주쿠에 2호점^{매장 면적 1,500제곱미터}을 개점했는데, 이곳 또한 몰려드는 고객들로 장사진을 이루었다. 그러나 2009년에 접어들면서 고객이 매장에서 여유롭게 둘러보면서 쇼핑할 수 있도록 입점을 조정해 다소 상황은 해소되었다.

그러나 다음의 불만을 터뜨리는 소비자가 늘어났다.

"고객들이 헤집어 놓은 상품을 그대로 내버려둬서 쇼핑할 기분이 안 난다."

H&M은 비용 절감 차원에서 판매원이 상품을 디스플레이하거나 고객이 만진 옷을 제자리에 정리하지 않았다. 이는 유니클로와 다른 영업 방식이었다.

9월 19일에는 시부야^{매장 면적 약 2,000제곱미터}에 진출했고, 신주쿠에서는 패션의 총본산인 이세탄 백화점 신주쿠점의 맞은편에 매장을 열었다. 2010년에는 다이마루 백화점과 소고 백화점이 있는 오사카 신사이바시에 진출^{매장 면적 1,000제곱미터}할 예정이다.

또한 H&M은 도쿄 교외로 영역을 넓혔다. 2010년 3월에 철수하는 이세탄 기치조지점도쿄 무사시노 시 자리에 가을 개점을 목표로 진출 계획을 세웠으며, 고객이 집중되는 1,2층에 매장을 설치할 예정으로 알려졌다. 무사시무라야마 시에서는 이온의 쇼핑센터 안에 있다가 철수한 구舊 미쓰코시 자리에 진출할 예정이다.

2009년 9월 5일에 문을 연 요코하마점에는 900명, 9월 17일에 사이타마 현 미사토 시에 문을 연 대형 상업 시설 '라라포트 신 미사토' 안의 매장에는 약 180개에 이르는 입주 매장 가운데 가장 많은 800명이 아침부터 줄을 서서 기다렸다. 또 시부야점에도 850명이 줄을 섰다. 수도권에 속속 들어선 H&M의 매장에는 개업 시간 전부터 고객들로 긴 행렬이 이어졌다.

고객의 행렬로는 유니클로 매장도 뒤지지 않는다. 2009년 10월 2일 비가 오는 날씨에도 아침부터 신규 개점하는 긴자점에 약 400명이 줄을 서서 기다렸다. 행렬을 만들어 주는 전문업자도 있기 때문에 인원수를 그대로 인기의 척도로 삼을 수는 없지만, H&M의 인기는 놀랍다. 만약 도쿄 교외에서 성공한다면 진출 범위는 더욱 넓어질 것이다.

2008년 가을부터 2009년 8월까지 9개월 동안 H&M의 매출액은 약 85억 엔이다. 도쿄 긴자와 하라주쿠의 두 매장만으로 지방 도시에 있는 백화점 한 곳의 1년 매출을 달성한 셈이다. 최고의 출발이라고 할 수 있다.

  H&M 일본 법인의 크리스틴 에드먼Christine Edman 사장은 인기의 요인을 세 가지로 분석했다.

  "패션, 품질, 가격이 균형을 이루었기 때문이다."

고품질과 패션성을 앞세운 H&M의 상품 전략

  H&M 상품은 대부분 중국과 터키, 방글라데시 등지에서 생산되는데, 품질 관리가 철저해 제품 수준이 높다. 고객에게 강조하는 'Fashion and Quality at The Best Price' 패션성, 고품질, 최선의 가격도 널리 알려져 있다.

  일본에 상륙하기 전에는 일본의 인터넷 소매업자가 미국이나 유럽, 홍콩, 상하이 등의 H&M 매장에서 대량 구입해 팬들에게 판매했다. 개인이 수입했기 때문에 제품 가격은 비싸진다. 평균적으로 매장 정가의 두 배 이상이었지만, 유럽이나 미국 등지를 여행하다 H&M의 상품을 접한 팬들은 충성도가 높은 고객이기 때문에 불만 없이 구입했다.

H&M 상품이 지지를 받는 또 하나의 이유는 고객을 체형으로 차별하지 않는다는 점이다. 일본의 체인 스토어에서는 시마무라 정도에서만 3L, 4L의 옷을 볼 수 있지만, 구미에는 빅사이즈 전문 의류점도 있다. 빅사이즈 전문점이 있다는 말은 그 치수의 상품 구성에 문제가 있다는 뜻이다. 소량 생산이기 때문에 비효율적이고 비용이 높아질 수밖에 없다. 그 결과 이 치수의 옷은 진출하는 기업이 적은 틈새시장이 된다.

그러나 빅사이즈라고 해서 유행에 뒤진 옷을 입고 싶어 하는 사람은 없다. 가능하다면 평균 치수의 소비자가 입는 대중적인 패션을 자신도 입고 싶다는 욕망이 확실히 존재한다. 그러나 현실적으로는 그런 옷이 없는 것이나 다름없기 때문에 선택의 폭이 좁아지고, 이것이 불만으로 남는다.

그런 점에서 H&M은 거의 모든 체형의 소비자에게 같은 패션을 제공한다. 여성 의류는 같은 패션 의류에 대해 유럽 치수로 32호부터 44호까지 일곱 가지가 갖춰져 있다. 이것은 다른 경쟁사에서는 볼 수 없는 상품 전략이다.

진출 지역은 북유럽, 서유럽, 동유럽, 북아메리카, 중동, 아프리카, 아시아 등 전 세계에 퍼져 있지만 모든 상품은 스웨덴 본사의 상품 부서가 기획하며, 전 세계에 있는 협력 공장에 생산을 위탁해 각 국의 매장에서 판매한다. 이 일련의 업무는 완전한 중앙 집권 시스템을 바탕으로 진행된다.

본사의 상품 부서에는 100명이 넘는 디자이너와 그들을 지원하는 스태프 약 400명이 대기하면서 각각 팀을 구성해 상품을 기획, 개발한다. 상품이 기획되면 판매 부서가 어느 지역의 협력 공장에서 생산하고 생산량과 생산 일정을 어떻게 할지 등을 결정하며, 세계 20여 곳에 있는 생산 관리 사무소에 그 지시가 전달된다. 생산 관리 사무소는 본사의 지시에 따라 생산을 위탁할 협력 공장을 선택하고 구체적인 발주를 하며 그 후의 관리도 담당한다.

이러한 과정을 거쳐 생산을 위탁받는 협력 공장은 아시아를 중심으로 약 700여 곳이나 된다. 그곳에서 생산된 상품은 매장이 있는 지역의 유통 센터로 보내지고, 그곳에서 각 매장으로 배송되어 쇼윈도에 진열된다. 이 모든 과정을 효율적으로 수행하기 위해 IT 기술을 활용하는데, 이것은 패스트 리테일링을 비롯해 선진적인 패스트패션 기업이라면 어느 곳이나 심혈을 기울이고 있는 분야다.

또 한 가지 특징은 핵심 부분에 대해 철저히 중앙 집권적으로 운영한다는 점이다. 특정 지역의 분권적 기업 활동은 없다. 매장의 책임은 판매 활동과 목표 매출 달성에 온힘을 쏟는 것으로 제한된다. 또한 점장은 매출 최대화를 달성하기 위한 책임자라는 위치를 고수하며 취급 상품과 수량, 입고 시기 등은 매장 책임자의 의사보다는 본사의 계획에 따른다.

여기까지의 시스템은 대부분 체인 스토어와 큰 차이가 없다. 라이벌사와 다른 점은 매장 전략과 진출 전략에 있다. H&M은 위치만 좋으면 매장의 구조나 넓이를 따지지 않는다. 작은 곳은 200제곱미터_{약 60평}에 불과하고 대형 매장 중에는 2,000제곱미터_{약 600평}가 넘는 곳도 있다. 유니클로의 매장과 달리 각양각색인 셈이다.

'콘셉트 숍'과 '개성이 강한 매장'이 강점인 H&M

 일반적으로 체인 스토어는 매장을 표준화하는데, 작은 가게는 고객을 남성이나 젊은 여성들로 좁혀 놓고 제한된 상품만 취급한다. 이와 같은 가게를 '콘셉트 숍'이라고 부른다. 매장을 표준화하면 효율적인 운영을 할 수 있다는 장점이 있지만, H&M과 같이 매장 면적이 제각각이면 상품 구성 문제를 놓고 혼선을 빚기 쉽다.

 1,000개가 넘는 매장 수를 가진 H&M은 똑같은 매장이 하나도 없다. 이세탄 기치조지점이 철수한 자리에 입점하는 식으로 빈 매장에 진출해서 진출 비용을 억제하기 때문이다. 유니클로 매장은 위치를 몰라도 '깃발'만 보면 '저기

에 유니클로가 있구나' 하고 추측할 수 있지만 H&M은 그렇지 않다. 소매업과 소비자를 연결하는 접점이 매장임을 감안하면 이것은 이례적이다.

한편 어느 매장이나 똑같다면 재미가 없고 신선하지 않다고 생각하기 쉽다. H&M은 매장의 크기나 모양이 다를뿐만 아니라 상품 구성이나 상품 회전 수까지 똑같은 곳이 없다. 항상 상품이 변화하며, 그에 따라 매장이 달라진다. 현재 전 세계의 소매 업계는 고객이 마치 보물찾기를 하는 듯한 기분을 느끼도록 연출하기 위해 노력하고 있다. 과거의 시마무라, 현재의 재활용품 판매점과 아울렛이 성장을 이루는 것은 이러한 소비 심리를 간파했기 때문이다.

이처럼 H&M의 장점은 매일 같이 가게의 디스플레이를 교체해 고객이 싫증나지 않도록 연출하는 솜씨가 뛰어나다는 데 있다. 그러나 장점과 단점은 동전의 앞뒷면과 같아서 약점도 바로 여기에 있다.

UNIQLO

패스트패션의 강자, ZARA의 일본 진출

  일본의 백화점과 어패럴 업계 관계자들은 패스트패션을 '불황이 낳은 사생아', '일시적인 붐일 뿐'이라고 봤다. 그러나 그 기세는 조금도 꺾이지 않고 있다. '포에버21'의 도쿄 하라주쿠 1호점은 개업한 지 약 4개월 만에 내점객 수 200만 명을 돌파했다. 또 의류품 소매업 세계 1위인 ZARA는 작년 11월 도쿄 시부야에 일본 진출 후 50번째 매장을 여는 등 예정보다 1년 빠른 속도로 진출을 계속하고 있다.

  패스트패션의 열풍이 일회성으로 끝나지 않는 것은 그 매력이 가격에만 있지 않기 때문이다. 1990년대부터 세계 진출을 본격화한 H&M과 ZARA는 동유럽과 남아시아 등 세계의 유력 공장을 일찌감치 확보해 왔다. 또 두 회사는 매출액 1조 엔이 넘는 규모를 무기로 끊임없이 상품력을 향상시키고 있다.

한 대형 상사의 임원이 두 회사와 거래하는 방글라데시 등의 봉제 공장을 견학한 적이 있는데, 품질 수준이 상상 이상으로 뛰어났다고 한다. 일본 백화점 등의 고급 의류 발주량은 한 번에 수백에서 1,000벌 정도지만 패스트패션은 수백만 벌을 조달한다. 여기에 쉽게 흉내낼 수 없는 사업 모델이 구축되어 있다.

패스트 리테일링은 1990년대 후반에 일상적인 의류를 저가로 판매하면서 대두됐지만, H&M과 ZARA는 최신 트렌드 상품에도 '가격 파괴'를 도입했다. 따라서 백화점을 대상으로 사업을 하는 어패럴 업계 등이 큰 타격을 받을 수밖에 없게 되었다.

"실수요에 맞지 않는 가격 정책을 취해 온 면이 있다." 어패럴 업체의 리더

업계에서는 자성의 목소리를 내는 관계자도 있지만, 영국의 탑숍TOPSHOP이 2010년에 신주쿠에 대형점을 열 계획을 기획하고 있는 등 패스트패션의 파상적인 진출 러시는

앞으로도 계속될 것이다.

패스트 리테일링의 야나이는 "긴자든 뉴욕이든 런던이든, 전 세계 어느 나라의 대도시를 가든 중심 상업 지역의 모습은 비슷해졌다. '일본에서만 팔리는 옷'은 이제 일본에서도 팔리지 않게 될 것이다."라고 예견했다.

8개의 브랜드를 보유한 인디텍스Inditex Group는 ZARA 하나에도 200명에 달하는 디자이너를 고용해 첨단 유행과 매장에서 보내오는 정보를 바탕으로 제품을 만들어낸다. 신제품은 매주 두 차례 투입하며, 63퍼센트가 유럽, 35퍼센트는 아시아의 위탁 공장 등에서 생산해 각 브랜드의 물류 센터를 거쳐서 전 세계의 매장으로 보내진다. 주문이 들어온 상품이 그 나라에 도착하기까지의 시간은 극동에 있는 일본의 경우에도 48시간이 지나지 않을 만큼 신속하다.

세계적인 패스트패션 브랜드 등장을 계기로 일본의 의류품 업계는 새로운 경쟁 상황에 놓이게 되었다.

최근 7년 동안 평균 35퍼센트의 증수를 기록한 포에버21 상륙

2008년 패션 업계에 최대의 화제를 일으킨 'H&M'에 강적이 등장했다. 그 이름은 '포에버21' FOREVER 21, 미국이다. 2009년 4월 29일에 도쿄 하라주쿠의 메이지 거리에 일본 제1호점이 문을 열었다.

포에버21은 과거 7년 동안 평균 35퍼센트 증수라는 경이적인 급성장을 이룩했다. 상품에 따라서는 'H&M'을 능가하는 저렴한 가격과 LA풍의 패션성, 여기에 다 팔린 상품은 다시 보충하지 않는 '허용 결품' 방식을 도입해 정가 판매율이 거의 100퍼센트에 이르며 할인 판매는 하지 않는다. 과연 이러한 방식이 일본에서도 통할지 흥미롭다.

지금은 미국을 중심으로 14개국에서 460개 매장을 운영하고 있으며, 2009년도의 매출액은 23억~24억 달러라고 한다.

포에버21은 H&M이나 ZARA, 유니클로 등과 마찬가지로 패션 트렌드의 변화에 맞춰 빠르게 상품을 교체하는 이른바 패스트패션 브랜드다. 한국계 미국인인 상도원 현 회장이 '영원히 21세처럼 아름답게'라는 슬로건으로 1984년 미국 로스앤젤레스에서 창업했으며, 일본에 첫 진출한 2009년은 창업 25주년을 맞이하는 해였다. 1984년은 패스트 리테일링의 창업자인 야나이가 히로시마에 '유니클로' 1호점을 연 해이기도 하다. 당시 가게의 이름은 '유니크 클로징 웨어하우스Unique, Clothing Wearhouse'였다.

'포에버21'과 '유니클로'는 동갑이다. 그러나 포에버21과 유니클로의 비즈니스 모델은 완전히 다르다고 해도 과언이 아니다. 유니클로의 비즈니스 모델은 SPA형이다. 자사의 디자이너가 상품을 기획해 자사가 계약한 공장에서 생산하고 자사의 매장에서 판매하는 일관된 상품 흐름이 특징이다. H&M과 ZARA도 SPA형이다.

그러나 포에버21은 다르다. 자사의 전속 디자이너가 기획을 하기보다는 약 2,000개에 이르는 거래 회사를 활용해 상품을 매입하고 판매하는 비즈니스 모델이 기본이다. 제안을 받은 상품을 포에버21에 맞게 변형시켜 생산하는 방식도 있다. 이 수법으로 연간 1억 점 이상을 조달한다. 이러한 매입 시스템은 일본의 시마무라에 가깝다. 포에버21의 매장에 들어서면 추구하는 바가 서로 다른 업체들이 포에버21이라는 하나의 전시장에서 아이디어를 겨루는 듯한 느낌을 준다. 유니클로나 GAP은 각각 통일된 스타일이 있지만 포에버21은 자유로움을 추구한다.

패스트패션 업계에서는 생산비용을 낮추기 위해 국제 분업의 형태로 일이 진행된다. 임금이 싼 나라와 지역에서 생산하는 방법도 중요한 선택지가 된다. 그러나 LA에서 창업한 포에버21 상품 중에는 본거지인 캘리포니아 주에 있는 공장에서 생산된 'Made in USA'가 높은 비율을 차지한다. 스타일은 아메리칸 캐주얼이다.

GAP도 아메리칸 캐주얼이지만 포에버21은 LA 셀러브리티풍의 화려한 캐주얼이라는 개성이 있다. GAP의 평상복 감각보다는 톡톡 튀는 젊음이 느껴지며, 서해안 지역의 패션 브랜드이면서도 서퍼 패션과 같은 스포티함이 아니라 오히려 조촐한 파티에도 입고 갈 수 있을 만큼 화려하며 유행에 뒤지지 않는 점이 장점이다.

가격대는 원피스라도 10~20달러로, 공식 웹사이트에서 판매하는 60점 이상의 캐주얼 드레스원피스는 모두 30달러

미만이다. 이러한 파격적인 가격은 H&M조차 위협할 정도다. 남성 의류도 공식 웹사이트에서 판매되는 것을 보면 청바지와 바람막이 모두 20~30달러대다.

유니클로도 가격 경쟁 면에서는 뒤지지 않지만, 화려한 색상과 무늬를 감상하는 것만으로도 즐거운 포에버21의 아이템에는 기본형을 지향하는 유니클로와 달리 고르는 재미가 있다.

또 '패스트패션'이라는 이름에 걸맞게 현재의 패션 트렌드를 상품화하는 속도가 매우 빠르다. 매년 두 차례 개최되는 4대 컬렉션 직후에는 패션쇼에서 공개되었던 디자인의 정수를 살린 아이템들이 즉시 쇼윈도를 장식한다.

이것은 유니클로에서는 볼 수 없는 모습이지만, 그런 옷을 소화해 낼 수 있는 사람 또한 많아 보이지 않는다.

패스트패션의 중심가 하라주쿠

　포에버21은 최신 유행의 아이템을 제공하면서도 1만 엔 전후로 전신 코디네이션이 가능할 만큼 가격이 저렴해 부담 없는 예산으로 멋을 내고 싶은 사람들의 호응을 받고 있다. 옷 외에 가방이나 액세서리 등의 잡화도 갖춰져 있다.

　H&M은 도쿄 긴자에서 일본 제1호점을 열었다. 그러나 포에버21이 선택한 곳은 하라주쿠였다. 여기에서도 두 회사의 타깃과 브랜드 이미지의 차이를 엿볼 수 있다. 다만 포에버21은 캐주얼 패션에 중점을 두지만 십대만을 타깃으로 삼지는 않는다. 미국에는 성인 팬도 많다.

　쇼윈도를 마치 뉴스처럼 보여주는 연출은 H&M과 같다.

쉴 새 없이 신상품을 투입하며, 다 팔린 제품은 보충하지 않는 방법으로 매장의 신선도를 유지한다. 지하 1층에서 지상 4층에 걸쳐 면적이 1,750제곱미터에 이르는 하라주쿠점에는 5만에서 6만 점의 의류와 잡화가 진열되어 있다. '품절되면 다시는 못 산다'는 긴장감이 소비자에게 '지금 꼭 사야 해'라는 '충동구매'를 부추긴다. 또한 꼼데가르송 COMME des GARCONS을 이끄는 가와쿠보 레이를 비롯해 세계의 유명 디자이너들과 손잡고 만든 상품은 항상 주목을 끈다.

각 사 모두 다품종 소량 생산이지만, 한 번에 발주하는 양을 일본 백화점의 고액 상품과 비교하면 1,000배 이상에 달한다. 그래도 가격은 물론 품질 면에서도 손색이 없는 수준이며, 이것을 유지하기 위한 기본 바탕과 네트워크를 보유하고 있다.

포에버21은 미국에서 매장을 착실히 넓혀 그 수가 400곳에 이른다. 또한 아시아에서는 일본보다 먼저 2008년에 서울에 상륙했으며, 방콕에도 진출했다.

포에버21의 일본 진출은 이번이 처음은 아니다. 2000년에 산아이를 파트너로 도쿄 다치카와에 제1호점을 열었지만 얼마 지나지 않아 철수했다. 10년 만의 재도전인 만큼 이번에는 일본 패션의 성지인 하라주쿠를 선택했다. 일본

제1호점의 위치는 H&M 하라주쿠점 바로 옆이다.

이 지역은 유명 패스트패션 매장이 모여 있는 곳으로, 영국의 '탑숍'과 GAP, ZARA 등도 자리하고 있다. 또 나이키 재팬도 하라주쿠의 오모테산도 거리에 새 매장을 열었다. 사커 플로어는 런던에 이어 세계에서 두 번째다. 덕분에 이 지역에서는 성향이 다른 패스트패션 브랜드들을 비교하면서 쇼핑을 즐길 수 있다.

H&M은 흰 바탕에 빨간색으로 'H&M'이라고 쓴 쇼핑백이 유명하다. 한편 포에버21의 쇼핑백에는 선명한 노란색 바탕에 검은색 글자로 'Forever21'이라고 쓰여 있다. 그리고 바닥에는 성경의 한 구절을 나타내는 'John 3:16'이라는 문자가 인쇄되어 있다. 개점 직후에는 하라주쿠 거리가 노란색 쇼핑백을 어깨에 멘 사람들로 가득했다. H&M에서도 중년이나 프리시니어들의 모습을 심심찮게 발견할 수 있듯이 에이지리스ageless 패션을 좋아하는 사람들에게 포에버21은 구매욕을 자극하는 선택지가 되었다.

도쿄 아키하바라에도 의류점의 진출이 잇따르고 있다. 캐주얼 의류 판매점인 진즈메이트Jeans Mate는 애니메이션 캐릭터 관련 의류 등 아키하바라의 특색을 살린 새로운 매장을 열었다. '아키바 놀이관'이란 이름으로 가전제품 양판점 라옥스LaOX의 매장이 있던 건물의 1~6층에 입점했다. 신사복 업체인 AOKI도 아키하바라에 진출했으며, 쓰쿠바 익스프레스의 역사驛송인 '아키바 토림AKIBA TOLIM'에는 무인양품과 유니클로 매장도 있다.

이처럼 일본은 패스트패션에 대한 화제가 뜨겁지만, 세계적으로 보면 패스트패션의 성장세는 둔화되고 있다. 인디텍스의 2009년 2~7월기 결산을 보면 매출액은 7퍼센트 증가했지만 순이익은 8퍼센트 감소했다. 본국 스페인을 비롯한 유럽의 경기 침체의 영향을 받은 것이다. 진출 매장수도 166개로 전년 동기보다 83개가 감소했다.

H&M은 2008년 12월~2009년 8월기 결산에서 증수증익을 달성했지만 기존점의 매출액은 4월을 제외하면 지난해의 수치를 밑돌았다. 기존점의 성장이 계속되는 패스트 리테일링과는 대조적이다. 아직 매장 수가 적은 일본 등 아시아 지역에서 사업 강화를 서두르고 있지만, 본거지인 유럽 등지에서는 신흥 세력의 대두가 두드러져 새로운 성장 전략을 짤 필요가 있다.

영국에서는 H&M이나 ZARA를 능가하는 저렴한 가격을 무기로 내세운 아일랜드 브랜드 '프라이마크PRIMARK'가 대두했다. 원정지인 일본에서는 우위를 차지하고 있는 외자계 브랜드들도 본거지에서는 새로운 라이벌들의 공세에 직면하면서 일본에서 GAP이 걸었던 길을 그대로 따르는 것이 아니냐는 지적도 나오고 있다.

"첨단 패션을 지나치게 추구한 나머지 디자인을 불법으로 복제했다가 제소당한 기업도 있다. 구조 개혁을 불러온 외자계 패스트패션 브랜드도 스스로 발전하려는 노력을 게을리 한다면 여기에서 성장이 멈추고 말 것이다." 경제 저널리스트

패스트패션이라는 이름처럼 유동성도 빠르다.

'허용 결품' 상법이 고객에게 받아들여질까?

H&M이나 포에버21에서 볼 수 있는 '허용 결품'은 일본에서는 터부시되지만 세계적으로는 표준이 된 상법이다. 미국의 월마트 스토어스가 그 대표라고 할 수 있다. 월마트는 종업원 수 약 210만 명, 매출액 약 40조 엔을 자랑하는 세계 최대의 기업으로, 일본의 세이유도 포함해 세계 16개국에서 약 8,000점의 GMS종합 소매점와 할인 판매점을 보유하고 있다.

일본의 유통 업계에서는 미국의 매장을 방문하는 미국 시찰 투어가 자주 열린다. 그러나 아무리 주의 깊게 견학을 해도 결품이 된 채 비어 있는 진열대가 눈에 띌 뿐 뭐가 그렇게 대단한지 알 수가 없다. 오히려 일본인의 눈에는 상품 구비가 단조롭고 빈약한 것처럼 보이기까지 한다. 일본에서는 점두 재고의 보충을 게을리 하지 않고 항상 진열대에 상품을 가득 채워 놓는 것을 당연시한다. 결품이 있으면 판매 기회를 놓칠 우려가 있으며 외관상으로도 좋지 않기 때문이다. 고객 응대나 매장 내 청소도 일본은 빈틈이 없다. 판매원들의 자세는 월마트를 넘어서 세계 굴지의 수준이라고도 할 수 있을 것이다.

그런데 이익은 올리지 못한다. 일본 소매 업계에서 승리자에 속하는 세븐&아이 홀딩스나 이온조차도 GMS 사업의 영업 이익률은 적자를 간신히 모면할 정도에 불과하며, 게다가 수익성은 장기적으로 계속 하락하고 있다. 해외 진출도 거의 없다. 반면 월마트는 고속 성장을 거듭하면서 5~6퍼센트의 영업 이익률을 줄곧 유지하고 있다. 2008년도의 현금 유동성은 2조 엔을 넘어섰다. 국제 사업 비율은 24.6퍼센트에 이르며, 미국 이외의 지역에서도 현재 연간 10조 엔에 가까운 매출을 올리고 있다.

저가 판매를 무기로 삼는 월마트의 매출 총이익률은 일본의 주요 GMS에 비해 5퍼센트 포인트 가까이 낮다. 그러나 판관비율이 10퍼센트 포인트 정도 낮기 때문에 이익이 발생한다. 그 이유는 무엇일까? 눈에는 보이지 않는 로지스틱스Logistics 시스템이 이익을 창출하는 원천이 되기 때문이다.

월마트 매장에서 품절 상품이 눈에 띄는 것도 경영 관리가 허술해서가 아니다. 이익을 내기 위해 일부러 품절 상품을 만드는 것이다.

품절률과 재고량은 기본적으로 트레이드 오프trade off; 어느 것을 얻으려면 반드시 다른 것을 희생해야 하는 관계-옮긴이의 관계다. 품절 제품이 있으면 절대로 안 된다는 방침을 세우면 안전 재고의 수준은 한없이 높아진다. 그것을 관리하려면 재고를 보유하는 비용과 품절에 따른 매출 기회 손실을 저울에 올려놓고 어디까지 품절을 허용해야 할지 미리 경영 판단을 내려야 한다. 이것을 '허용 품절률'이라고 부른다.

H&M이나 포에버21은 허용 품절률을 항상 계산한다. 그러나 일본의 소매업은 대부분 허용 품절률을 정하지 않는다. 품절이 생기면 책임 추궁을 당하기 때문에 현장 담당자로서는 재고를 많이 보유하는 수밖에 없다. 그 때문에 상품이 팔리지 않아 재고로 남는 리스크를 항상 안고 있다.

한편 패스트 리테일링은 상사商社에 재고를 떠맡김으로써 허용 품절률을 정하지 않는 동시에 품절 상품도 발생시키지 않는 시스템을 구축했다. 그 결과 이 점에서는 다른 라이벌보다 우위에 서 있다.

허용 품절률을 계산하고 있지 않은 일본의 대형 유통 기업은 발주 빈도를 늘려 조금씩 재고를 보충하게 된다. 편의점은 이러한 움직임이 가장 두드러지는 업태다. 조달처인 도매업자에게는 주문을 하면 즉시 상품을 가지고 오도록 지시한다. 이것이 점점 심해진 결과, 지금은 발주 후 4시간 이내에 납품이라는 극단적인 거래 조건까지 내놓고 있다.

이에 대응하기 위해 도매업자는 납품처 근처에 창고를 구해 상품을 준비해 놓는 수밖에 없다. 주문이 오면 즉시 창고에서 상품을 꺼내 트럭의 적재율도 고려하지 않고 출발시킨다. 그 비용은 결국 돌고 돌아 소매업자의 매입 가격에 반영된다. 그래도 소매업의 발주 담당자는 자신들의 재고를 늘리지 않으면서 품절도 피할 수 있기 때문에 책임을 다할 수 있게 된다. 다빈도 소량 납품으로 도매업자의 물류비가 증가하는 것은 그들이 신경 쓸 일이 아니었다.

이런 상습관에 익숙해진 일본의 소비자들이 자신이 방문한 가게에 있어야 할 물건이 없는 상황을 과연 용납할 수 있을까? 이것은 외자계 패스트패션이 풀어야 할 숙제다.

'시마무라'의 저비용 모델은 한계에 부딪쳤다?

유니클로의 호적수인 캐주얼 의류 기업 '시마무라'의 2008년 2월기 연결 결산은 연결 매출액이 4,120억 엔으로 전기 대비 5.0퍼센트 증가, 연결 경상 이익이 358억 엔으로 6.0퍼센트 증가, 연결 순이익이 198억 엔으로 5.4퍼센트 증가하는 등 모두 과거 최고치를 경신했다. 주력 업태인 '패션 센터 시마무라'가 순조로운 추이를 보이며 전체적인 실적을 끌어올린 결과다.

트렌드 상품을 전면에 내세운 것이 효과를 발휘해, 고객의 수는 전년 대비 2.7퍼센트, 객단가 역시 전년 대비 1.4퍼센트 증가했다. 이러한 실적을 바탕으로 동기의 연간 배당은 종전 계획보다 8엔 많은 120엔이 되었다.

그런데 다음 기가 되자 상황이 급변했다. 2009년 2월기에 시마무라의 전점 매출액은 상반기 누계로 전년 동기 대비 0.2퍼센트 감소했다. 1991년 8월 도쿄증권거래소 1부에 상장한 이래 처음으로 전년도에 비해 매출액이 줄어든 것이다.

결산월이 다르다고는 하나, 패스트 리테일링의 같은 해 8월기 실적과는 큰 차이가 있었다. 2008년 10월까지는 계획대로 순조롭게 매출을 올렸지만, 10월 20일을 기점으로 매출이 갑자기 떨어졌다. 공교롭게도 10월 20일은 신사복 부문의 목표 달성을 축하하는 '축승회祝勝會'를 열고 "목표를 달성했다고 마음을 놓아서는 안 된다. 앞으로도 긴장의 끈을 늦추지 말자."라는 이야기를 나눈 날이었다고 한다.

중국에 생산 거점을 둔 의류 업계에서는 "예전과 같은 가격으로 상품을 조달하기는 불가능하다."는 말이 나오고 있는데, 그 이유는 상품 조달처인 중국의 "인건비가 지난 해보다 20~30퍼센트 상승"했기 때문으로 분석된다.

이 영향을 그대로 받은 곳이 바로 시마무라이며 이제 가장 큰 강점인 '저렴한 가격'에 상품을 제공하기가 어려워졌다. 유니클로와 같은 SPA형 기업과 달리 제조 업체에서 매입하는 방식으로 상품을 조달하는 시마무라로서는 원재료 가격 급등에 따른 조달 비용 상승의 영향을 크게 받을 수밖에 없다.

작년 3월, 시마무라는 전단지에 게재한 특가 상품을 약 40퍼센트 할인해 주는 '계산대 할인'을 중지했다. 이것은 당연히 고객의 수에 영향을 줬다. 그러나 시마무라는 계산대 할인을 중지해 매출이 하락한 상품은 정말로 구매 의욕을 자극했던 상품이 아니라 고객이 원래 다른 상품을 사러 왔다가 함께 구입했던 것임을 깨달았다. 말하자면 '뼈를 지키기 위해 살을 내주는' 수법이기 때문에 고객의 수가 줄어든 것이다.

계산대 세일을 폐지한 다음 달인 4월부터 내점객의 수는 계속 줄어들어 6월에는 전년 동기 대비 6.5퍼센트 감소했으며 매출액은 역시 전년 동월 대비 5퍼센트 하락했다. 어쩔 수 없이 계산대 세일을 다시 부활시키자 고객 수는 즉시 전년 동월 대비 3.5퍼센트 증가하고, 매출액은 6.5퍼센트 증가했다. 고객에게 시마무라의 가장 큰 매력은 '저렴함'이라는 사실을 새삼 확인시켜 준 사건이다.

시마무라는 업계 최첨단의 재고·물류 관리 시스템을 통해 저비용 구조를 실현했고, 그것이 저가격 상품을 양산시켜 소비자의 지지를 받아 왔다. 예전 같으면 조달 비용이 상승해도 판매 관리비 등을 삭감해 흡수할 수 있었겠지만,

최근 1년 사이의 원재료 가격 상승은 시마무라의 저비용 구조로도 대응할 수 없을 만큼 급격했던 셈이다.

일본 소매 시장은 원재료 가격 상승과 경기 후퇴에 따른 소비 의욕 감퇴라는 이중고에 시달리고 있다. 종전과 같은 저가격을 유지하기 위해 더욱 강력한 저비용 구조를 실현할 수 있을지가 향후 시마무라의 실적을 좌우할 것이다.

시마무라의 이익을 유지시킨
PB 상품과 여성용 트렌드 상품

시마무라가 '직접 물류'라고 부르는, 중국에서 포장까지 끝마친 완제품을 컨테이너째 입고시키는 물류 합리화 방식은 지금도 계속된다. 또한 시마무라만의 독특한 방식인 '추가 10퍼센트 할인'도 실시하고 있다. 500엔짜리 티셔츠는 450엔, 190엔짜리 양말은 170엔에 판매하는 식이다.

"겨우 20엔만 깎아 주는 '조잔한 할인'으로 고객의 외면을 당하지 않을까?"라는 반대 의견도 있었지만 현실은 달랐다. 시마무라를 찾는 고객층은 슈퍼에서 생필품을 구입하는 감각으로 옷을 산다. 따라서 저렴한 상품을 20엔 더 할인해 준다는 것은 고객에게 강렬한 인상을 줬다.

'시마무라'는 2008년에 58개 매장을 새로 개점하면서 2009년 8월말 현재 매장 수가 1,140개가 되었다. 그룹 전체로는 1,461개에 이른다. 유니클로의 국내 매장 862개와 지유 등 GOV리테일링 산하의 매장 351개모두 2009년 8월말 현재를 합친 1,213매장보다 많다.

시마무라가 2009년 10월 1일에 발표한 2009년 3~8월기 연결 결산을 보면 순이익이 전년 동월 대비 13퍼센트 증가한 99억 엔으로 회복세를 보이고 있음을 알 수 있다. 3~8월기로는 2년 만의 과거 최고 수익으로, 기능성이 뛰어난 PB상품이 호조를 보였으며 젊은 여성을 대상으로 한 트렌드 상품 종류도 늘렸다.

매출액이 증가함에 따라 이익의 압박 요인이 되는 가격 인하 판매도 감소시켰다. 원래는 교외에서 중년 이상의 주부 층을 고객 기반으로 삼았지만 최근에는 10대 후반의 여성들 사이에서도 지지가 확산되고 있으며, 상품 중에는 '세오리아THEORIA' 등의 브랜드로 개점하는 PB 상품의 매출이 증가했다.

이 PB 상품은 3~8월의 매출액에서 29.5퍼센트의 비율을 차지할 정도로 성장했으며, '9월까지의 누계로는 30퍼센트 이상'노나카 마사토 사장에 이르는 주력 브랜드로 자리매김했다. 그리고 이에 따라 기존점은 1.5퍼센트의 증수를 기록했다. 현재 시마무라는 2010년 2월기의 매출액이 전기 대비 3퍼센트 증가한 4,254억 엔, 순이익이 3퍼센트 증가한 197억 엔이 될 것이라는 기존의 예상을 유지하고 있다.

한편 유니클로의 2009년 9월 국내 기존점 매출액은 전년 동월 대비 31.6퍼센트나 증가했다. 합성 피혁 의류 등 신제품이 매출을 지지한 결과이며, 히트텍이 히트한 재작년 11월의 32.2퍼센트 증가와 맞먹는 급성장세다.

소비자의 저가 선호에 힘입어 유니클로의 호조는 더욱 돋보이고 있다. 유니클로 직영 기존점의 매출액은 2009년 12월까지 줄곧 전년 동월의 수치를 웃돌았다. 특히 9월에는 고객의 수와 객단가가 각각 22.8퍼센트와 7.2퍼센트 증가했으며, 같은 달에 문을 연 11개 매장을 합친 전체 매출액은 40.8퍼센트 증가했다. 9월에는 5일 연휴의 실버 위크 19~23일 효과로 고객이 늘어났을 뿐만 아니라 기온이 낮아져 합성 피혁 재킷 등 가을·겨울 의류의 판매가 호조를 보였기 때문이다.

또한 순조로운 매출을 발판 삼아 매장 확장에도 박차를 가하고 있다. 야나이는 10월 2일에 기자 회견을 통해 매장 확장에 대해 발표했다.

"긴자와 신주쿠, 하라주쿠 등 도심지에 매장 면적 3,300

제곱미터급의 대형 매장을 개업한다."

 유니클로 매장의 표준 규격은 600~800제곱미터 정도인데, 10월 2일에 개장한 도쿄 긴자점은 2,300제곱미터로 도심지에서는 최대급이다. 이것을 웃도는 대형 매장을 도심지에 진출시키겠다는 의지를 보인 것이다.
 시마무라와 비교하면 그 기세는 여전히 큰 차이가 있다.

M&A로
유니클로를 추격하는 시마무라

 의류 전문점 2인자의 위치를 차지하고 있는 시마무라는 지금까지 M&A^{합병·매수}를 실시한 적이 거의 없다. 업계 정상의 자리에 있으면서 M&A를 통한 규모 확대 노선을 가속하고 있는 패스트 리테일링과는 대조적으로 시마무라는 지금까지 자신들의 힘만으로 국내 매장망을 확대하는 경영을 계속해 왔다.

 그런데 최근 도쿄를 기반으로 하는 중견 의류 체인 다와라야에 12.7퍼센트의 자본 참여를 결정했다. 대형 M&A로는 최초라고 할 수 있는 움직임이다. 또한 시마무라의 과제인 도심부 진출을 위해 M&A를 적극적으로 활용해 나갈 방침이다.

시마무라는 '패션 센터 시마무라' 외에 젊은이들을 대상으로 한 캐주얼웨어 '어베일Avail', 유아·아동용품 '버스데이Birthday', 여성용 캐주얼 잡화 '샹브르Chambre' 등의 브랜드로 매장을 확대하고 있다.

이들 업태는 각각 2001년 이후부터 속옷이나 1회용 손난로 등 일용품 중심에서 최신 유행을 도입한 어패럴 상품 중심으로 바꿔왔다. 의류 시장의 포화가 진행되는 가운데, 트렌드성이 높은 상품을 제공하지 않으면 살아남을 수 없다고 판단했기 때문이다. 자사 브랜드의 진출도 지금과 같은 수준인 1년에 50~60개의 매장 진출을 향후 10년간 지속해 장기적으로는 국내 2,000매장 체제까지 확대시킬 계획인 것으로 알려졌다.

시마무라의 과제는 도심부에 있는 매장이 극단적으로 적다는 점이었다. 도쿄 도심에 위치한 매장은 다카타노바바점뿐이다. 도쿄 아다치 구에 2개의 매장이 있지만 도쿄 도민 중에는 아다치 구를 도쿄도 23구로 보지 않는 사람도 많기 때문에 실질적으로는 야마노테 선山手線; 도쿄의 주요 지역을 운행하는 순환선-옮긴이 상에 1개 매장밖에 없는 셈이었다.

그래서 도쿄 산겐쟈야에 도심형 매장으로는 두 번째 매장을 진출할 계획을 갖고 있다. 또 하라주쿠, 시부야, 신주쿠, 긴자와 같이 지금까지 시마무라가 '문턱이 높아 진출하지 못했던' 지역에도 진출을 모색하기 시작했다.

이렇듯 시마무라가 도심부 매장의 확충과 상품 전략, M&A의 활용 등 경영 전략을 전환하는 이유는 지금보다 더 성장하기 위해서다. 시마무라는 M&A를 하는 패스트 리테일링에 비해 수수한 이미지가 있다. 그러나 주식 시가 총액 주가에 발행 주식의 수를 곱한 것은 패스트 리테일링 정도는 아니지만 유통 업계의 승자로 평가받는 이세탄을 웃돈다.

패스트 리테일링이 제조와 판매가 일체화를 이룬 제조 소매라는 업태를 확립했다면, 시마무라는 제조 부문을 보유하지 않지만 중간 도매상을 거치지 않음으로써 저가격을 실현했다.

양사의 비즈니스 모델은 공통점이 많다. 야나이와 마찬가지로 노나카 사장도 '기업은 성장하지 않으면 의미가 없다.'는 경영 이념을 가지고 있다. 이에 덧붙여서 시마무라의 또 한 가지 과제는 실용 의류점에서 탈피하는 것이다. 패션성 강화라는 과제는 매년 그 기준이 높아지고 있다.

매장 수가 1,000점을 넘으면 상품 생산량이 증가해 생산 일수가 늘어난다. 따라서 유행을 예상해서 일찌감치 상품 전략을 세워야 한다. 만약 1개월 전에 계획을 한다면 실패할 확률은 그리 높지 않지만, 시마무라는 대다수 상품을 약

2개월에서 3개월 전에 결정한다.

따라서 유행을 잘못 읽으면 재고가 산더미처럼 쌓이게 된다. 그래서 시마무라도 상품 담당자가 매주 교대로 중국과 파리, 런던, 밀라노 등 해외로 나가 시장 상황을 둘러보고 있으며, 이렇게 세계 각지에서 수집한 정보를 사내에 축적해 상품 전략에 반영해 나간다.

이러한 노력을 통해 얼마나 유니클로나 다른 외자계 패스트패션 브랜드에 뒤지지 않는 상품을 만들어내느냐가 시마무라의 과제다.

유니클로와 시마무라의 차이는 프랑스 요리와 중국 서민 요리?

 의류 트렌드를 파악해 상품에 반영하는 것과 함께 항상 힘을 쏟아야 하는 부분이 바로 품질이다. 이를 위해 품질관리 부서가 생산 거점인 중국에 직접 가서 의사소통을 꾀하고 있다. 이러한 방식은 SPA형인 패스트 리테일링이 먼저 시작했지만, PB의 강화로 차츰 SPA형에 접근하고 있는 시마무라로서도 피할 수 없는 과제가 되었다.

 시마무라 매장은 유니클로나 지유만큼 깔끔하지 않다. 고객 두 명이 지나가기도 쉽지 않을 정도였다. 그래서 진열 상품을 5퍼센트 줄임으로써 통로를 넓혀 고객이 여유롭게 구경할 수 있도록 개선했다.

이 계획은 2007년부터 단계적으로 실험을 거쳤기 때문에 결과적으로 매출 감소는 없었다. 반대로 동질의 상품을 대량으로 진열해 놓은 부서일수록 매출이 하락했다. 상품은 진열할 장소가 없으면 모두 재고가 되고, 창고에 보관된 상품은 고객의 눈에 띄지 않기 때문에 절대로 팔리지 않는다. 매출이 감소하는 것은 당연지사다. 따라서 유사품을 대량 진열하지 않고 개성이 강한 상품을 필요한 수량만큼만 가져다 놓겠다는 것이 현장 실무자의 생각이다.

그런데 시마무라의 창업 과정은 패스트 리테일링과 매우 유사하다. 후지와라 히데지로는 창업자는 아니지만 기업의 체질을 강하게 바꿈으로써 시마무라를 사이타마 현의 지방 의류점에서 전국적인 기업으로 성장시켰다. 야나이도 부친의 양복점을 물려받은 2세 경영자로, 유니클로를 야마구치 현의 양복점에서 세계로 진출하는 기업으로 순식간에 성장시킨 사람임은 누구나 인정하고 있다.

야나이 어록이 경제계와 물류 업계에 커다란 충격을 몰고 왔듯이, 후지와라도 자신이 개발한 노하우를 유통과 의류 업계에 아낌없이 내놓았다. 후지와라를 사외 이사로 초빙한 양품계획良品計劃이 한때의 부진에서 벗어날 수 있었던 것도 그의 조언이 컸다.

2005년, 후지와라는 토박이 '시마무라인'이며 현장을 가장 잘 아는 노나카 다다시에게 바통을 넘겼다. 20세나 젊어진 사장 인사이며, 노나카 사장은 취임 당시 최연소 이사였다. 아마 야나이도 이 원활한 후계자 계승에 대해 연구했을 것이다.

바통 터치를 원활하게 마친 시마무라가 패스트 리테일링에 크게 뒤지는 부분이 있다면 그것은 바로 브랜드 파워다. 후지와라는 그 차이를 이렇게 말했다.

"요리로 말하자면 유니클로는 프랑스 요리이고, 시마무라는 중국 서민 요리다."

식사를 즐긴다는 점에서는 똑같지만 음식의 질이 다르다. 프랑스 요리만 먹으면 지갑이 버티지 못한다. 반대로 자장면만 먹으면 이따금 제대로 된 요리가 먹고 싶어진다. 지방의 쇼핑센터에는 유니클로와 시마무라가 인접해 있는 경우가 많은데, 고객이 두 곳을 번갈아 왕래하는 장면을 종종 볼 수 있다. 고객도 능숙하게 두 회사의 '맛'을 즐기고 있는 듯하다.

또 다른 큰 차이는 세계 전략이다. 야나이의 목표는 아시아 넘버원이다. 그러나 시마무라는 해외로 진출할 생각이 없다. 노나카 사장은 '국내 기반을 튼튼히 다지는 것이 무엇보다 우선'이라고 선언했다.

　시마무라는 앞으로 H&M이나 ZARA, 포에버21 등 일본에 진출한 글로벌 어패럴 기업과 대치해야 한다. 시마무라가 장점으로 삼는 저가 영역에서만 경쟁하려 한다면 자연스럽게 한계에 부딪칠 것이다. 또한 유행만 좇는 PB 개발은 제품 생산을 어렵게 한다.

　어느 정도 독자적인 기획력을 갖출지, 아니면 기획력이 있는 기업과 손을 잡을지 선택해야 할 것이다.

　마케팅의 세계에는 후발 기업이 선발 기업과 똑같은 영역에서 경쟁하면 진다는 철칙이 있다. 유니클로나 외자계 어패럴이 기다리고 있는 영역에서 과연 시마무라에 승산이 있을까? 어려운 선택의 시기가 다가오고 있다.

돈키호테가 발표한 '초저가 청바지'

저가 상품의 대명사가 된 청바지의 가격 인하 전쟁이 갈수록 격렬해지고 있다. 대형 할인 판매점 돈키호테는 2009년 10월 14일, 소비세 포함 690엔의 '초저가 청바지'를 발표했다. 각 기업들은 '우수한 품질'을 강조하지만, 소비자의 평가는 지금부터일 것이다.

"타사의 가격도 철저히 조사했다. 고객의 기대에 최대한 부응할 수 있는 상품이다."

기자 회견장에서 돈키호테의 바바 데쓰로 PB사업본부

프로듀서는 이렇게 말했다.

'초저가 청바지'는 돈키호테가 기획한 저가 PB '정열가격情熱價格'의 핵심 상품 중 하나다. 지금까지 '최저가'라고 여겨져 왔던 세이유의 PB 청바지 850엔보다 160엔이 저렴해 할인 판매점 돈키호테의 '상징'으로 자리매김했다.

청바지의 가격 경쟁은 패스트 리테일링의 저가 브랜드 '지유'가 불을 지폈다. '지유'가 3월에 990엔 청바지를 발표하자 이를 뒤쫓듯이 각 슈퍼스토어들이 상품 개발에 뛰어들면서 여름 이후 1,000엔 이하의 청바지가 잇달아 등장했다.

각 기업들은 원료 조달과 봉제 공정 등을 재검토해 기존의 중국제보다 더 낮은 가격을 실현했다. 그러면서도 '싼게 비지떡'이 되지 않도록 신축성 있는 소재를 사용하는 등 기능 면에서도 연구를 거듭했다. 그러나 일부에서는 세탁시 탈색이 심한 점이나 사이즈가 제한적인 점 등 저가에 나타나는 문제점도 있다고 지적하고 있다.

돈키호테의 참여로 더욱 치열해질 것으로 예상되는 청바지의 가격 인하 전쟁. 이 전쟁을 바라보는 야나이의 눈은 냉철하다. 그는 이런 말로 계속되는 가격 인하 경쟁을 견제했다.

"저가 청바지는 가끔 입을 때는 즐겁지만, 여기에 집중하면 가치가 없어져 팔리지 않는다."

의류 전문점에서 돈키호테는 위협적인 존재다. 로지스틱스가 뛰어나다는 점에서는 유니클로조차도 상대가 되지 않는다. 그런 돈키호테가 의류 분야에 강한 슈퍼스토어 '나가사키야'를 '메가돈키'라는 신업태로 바꾸려 하고 있다.

2008년 6월, 지바 현 요쓰카이도 시에 'MEGA 돈키호테' 요쓰카이도점이 문을 열었다. 전국 19개 매장 2009년 5월말 현재의 매출액은 전기 대비 평균 2.5배에 이르며, 매장의 대부분은 2007년 10월에 매수한 나가사키야를 업태 변환한 것이다.

돈키호테는 그때까지 대형점 운영 노하우가 없었다. 돈키호테의 주 매장은 면적이 300~500평이다. 미로처럼 매장에 상품을 가득 채우는 '압축 진열'이 돈키호테의 특색이다. 그런데 나가사키야는 매장 면적이 2,000평이 넘는다. 고객층도 고령자가 중심이며, 젊은이와 젊은 주부가 주축인 돈키호테와는 상당한 거리가 있다.

요쓰카이도점을 메가돈키 제1호점으로 만든 데는 이유가 있다. 구 나가사키야 요쓰카이도점은 나가사키야에서 가장 많은 금액인 연 3억 엔의 적자를 내고 있었다. 그래서 철수를 검토했지만, 반대로 요쓰카이도점에서 성공한다면 어디서라도 성공할 수 있다고 판단한 것이다.

요쓰카이도점은 의류가 이익의 70퍼센트를 벌어들이는 수익의 핵심으로, 패션 의류에서 실용 의류까지 폭넓은 상품 구성을 자랑했다. 그러나 메가돈키는 의류를 '먼저 식품을 구입한 다음에 사는 것'으로 규정했다.

속옷이나 티셔츠 등 교체 빈도가 높은 상품으로 대상을 좁히고, 가격은 일반적인 슈퍼스토어보다 30~40퍼센트 낮춰 '시마무라 가격'에 대항했다. 다만 단카이 세대_{団塊世代;} 1947년에서 1949년에 태어난 베이비붐 세대-옮긴이 고객을 배려해 옷과 침구 등 나가사키야의 강점이었던 매장은 그대로 남겨 놓았다.

돈키호테는 '허용 결품'이 특징이다. 그러나 나가사키야에 있어 '허용 결품'은 터부 중의 터부다. 또 정보 시스템의 경우 관리 계열은 나가사키야가 뛰어나지만 모두 돈키호테식으로 통일시켰다. 상품 매입은 본부 주도가 아니라 매장별로 구입 체제를 강화했다. 이러한 시책이 효과를 발휘하여 개점 후 매출액과 고객 수 모두 2배 이상 급증했다. 그때까지 반경 1.5킬로미터 정도였던 상권도 단숨에 시외까지 확대되었다. 특히 지금까지 돈키호테를 찾지 않던 30대~40대 고객의 확보가 돋보인다.

메가돈키와 시마무라의 대결 구도는 앞으로 흥미로운 전개를 보일 것이다.

패스트패션의 인기와 동시에 진행되는 아울렛 성장의 이유

 브랜드 상품의 재고품 등을 저렴하게 파는 아울렛몰 업계에서 대형 부동산 기업인 미쓰이 부동산과 미쓰비시 지쇼가 치열한 매장 오픈 경쟁을 벌이고 있다. 저가 선호 성향이 강해지는 소비자에게 재고품을 할인해서 파는 '불황에 강한' 이 업태에서 양사는 앞으로도 진출 공세를 강화할 기세다.

 2009년 7월 9일에 이바라키 현 아미마치에 문을 연 '아미 프리미엄 아울렛'은 미쓰비시 지쇼의 자회사인 첼시 재팬Chelsea Japan Co., Ltd.이 운영하며, 브랜드숍과 음식점 등 104점이 입주했다. 미쓰비시 지쇼 계열의 '프리미엄 아울렛'으로는 전국에서 여덟 번째로, 앞서 가던 미쓰이 부동산의 '미쓰이 아울렛 파크'를 따라잡게 되었다.

약 5,000억 엔 규모로 평가받는 아울렛 시장에서 2009년 3월기의 매출액은 미쓰비시 계열이 1,735억 엔, 미쓰이 계열은 1,597억 엔으로, 이 두 회사가 독보적인 매출을 자랑하고 있다.

미쓰이의 강점은 약 30년 전에 개업한 '라라포트' 등의 상업 시설을 통해 키운 노하우, 그리고 입주 업체와의 관계로, "양질의 입주 업체 확보라는 측면에서는 우리가 더 유리하다."며 라이벌인 미쓰비시를 견제하고 있다.

미쓰이는 2008년 9월 12일에 '미쓰이 아울렛 파크 센다이항'을 열었다. 매장 수는 120점으로 같은 해 4월에 문을 연 사이타마 현 이루마 시의 204점보다는 적지만 페라가모 등 해외 브랜드가 집결한 도호쿠 최대의 아울렛이다.

이곳을 운영하는 미쓰이는 이루마 아울렛 개업 전의 여섯 곳을 합쳐 연간 매출액 1,092억 엔_{전년 대비 12퍼센트 증가}으로 호조를 보이고 있다. 여덟 번째인 센다이항 아울렛도 첫해에 계획했던 매출액 150억 엔을 웃돌 것으로 예상되는 등 호조를 보였다. 이에 대해 미쓰이 부동산은 '2000년의 두 곳 동시 개업 이래 두 번째 붐'이라며 기쁨을 감추지 못하고 있는데, 그 배경에는 소비자들 사이에서 아울렛의 인지도와 활용이 높아졌기 때문이다.

아울렛이 없던 시절에는 백화점 등의 할인 판매를 기다리거나 구입을 포기했던 소비자들이 아울렛에서 철 지난 상품을 손쉽게 구입할 수 있음을 알게 된 것이다. 게다가 최근에는 입주 업체도 도심의 정규 매장에서 아울렛으로 상품을 넘기는 시간차를 단축시켜 신선도가 높아졌다. 이제 선순환을 시작한 아울렛의 호조는 패스트패션과 동시에 진행되고 있다.

한편 미쓰비시의 장점은 아울렛의 본고장인 미국식 시설이다. 외국의 거리를 본뜬 테마파크 같은 공간이 특징으로, 첼시의 요시무라 도시히데 사장은 "앞으로도 즐겁게 쇼핑할 수 있는 시설의 부가 가치를 추구해 차별화를 꾀하겠다."고 의욕을 내보였다.

일본 쇼핑센터 협회에 따르면 아울렛은 1993년에 처음 문을 연 이래 꾸준히 증가하고 있으며, 현재는 전국에 34곳이 있다. 불황에 따른 소비자 심리의 변화와 의류점의 재고 증가 등이 순풍으로 작용하고 있다.

유니클로를 추격하는
포인트point의 독보적인 이익률

포인트의 후쿠다 미치오 회장은 야나이와 대조적이다. 그는 젊은 여성의 패션에 대해 아는 것이 없다며 현장에 간섭하지 않는다. 하지만 항상 회사를 냉정하게 바라보는데, 그 배경에는 수많은 실패 경험이 있다.

후쿠다는 1946년에 이바라키 현 미토 시에서 태어났다. 1949년에 태어난 야나이와는 동세대 사람이다. 도시샤 대학을 졸업한 후 의류 업체를 거쳐 1971년에 부친이 경영하던 '후쿠다야 양복점'에 입사했다. 이것도 와세다 대학을 졸업한 후 자스코현 이온를 거쳐 부친이 경영하는 '오고리 상사'에 들어간 야나이와 같은 길을 걸었다고 할 수 있다.

후쿠다는 1993년 사장에 취임함과 동시에 회사명을 지금의 '포인트'로 변경했다. 2000년에 점두 등록, 2002년에는 도쿄증권거래소 2부에 상장했으며, 2004년에 도쿄증권거래소 1부에 상장했다. '로리즈팜LOWRYS FARM'과 '글로벌 워크GLOBAL WORK'는 기성세대에게는 낯설지 모르지만 20대 여성에게 큰 인기를 얻고 있는 브랜드다.

도쿄 주오 구에 본사를 둔 포인트는 SPA형 기업으로서 유니클로를 능가하는 높은 이익률을 실현하고 있다. 자사에는 디자이너를 두지 않고 매장에서 올라온 최신 유행 정보를 취합해 거래 회사들과 신상품을 기획한다. 재고를 안지 않는다는 점은 패스트 리테일링과 같으며, 높은 회전율로 상품을 판매하는 것은 시마무라식이다. 10가지 이상의 브랜드를 통해 다양한 진출 입지와 고객층을 커버하고 있다.

후쿠다 회장의 집무실은 본사에 없다. 그는 본사 옆에 있는 오피스 빌딩의 9층에서 일을 한다. 그 이유에 대해 후쿠다 회장은 다음과 같이 피력했다.

"내가 할 일은 회사가 잘못된 방향으로 가고 있지 않은지 외부의 시점에서 확인하는 것이다. 여기에서 회사를 보면 직원들이 일하는 모습이 잘 보인다. 가장 좋은 장소인 셈이다."

　신상품 기획 등 회사의 기본적인 경영 전략 입안은 이시이 도시아키 사장에게 맡기며, 도쿄 야에스의 본사에는 일주일에 절반 정도 출근한다. 나머지 시간은 포인트 경영이 올바른 방향으로 나아가는지 판단할 정보 수집에 활용한다.
　매장이 입점한 상업 시설의 운영사를 찾아가 자사의 평가를 듣거나 동업 타사의 매장을 정찰하는 것이 주된 일과다. 이렇듯 자사의 매장 시찰도 다른 경영자와는 차이점이 있다.
　접객 방법이나 상품 구성 또한 일체 간섭하지 않는다. 가게 밖에서 판매원의 표정을 보고 매장에 활기가 있는지 살피며, 점 내에서는 고객이 눈치 채지 못하는 부분을 둘러보고 개선한다. 예를 들어 나무 바닥에 생긴 작은 요철을 찾아내 즉시 수선 명령을 내리는 식이다.
　왜 사소한 부분에 신경을 쓰는 것일까? 그 이유는 고객을 맞이하는 데 바쁜 현장일수록 바닥에 생긴 작은 흠집은 눈치 채기가 어렵기 때문이다. 그래서 후쿠다가 주의 깊게 살펴봐야 한다는 것이다.
　포인트의 주력은 '패션 캐주얼'이라고 부르는 의류 분야다. 백화점보다 저렴한 GMS 수준의 가격대가 중심으로,

'예쁜 옷을 여러 벌 살 수 있는 곳'이라며 젊은 여성 고객들이 몰려온다. 유니클로보다 패션성을 갖춘 상품이라는 게 로리즈팜의 특징이다.

최신 트렌드 감각의 옷을 저렴하게 제공할 수 있는 까닭은 저비용의 개발 체제를 만들었기 때문이다. 사내에는 디자이너도 패터너도 없다. 포인트의 12개 브랜드마다 '바이어'가 모은 유행 정보를 바탕으로 상품을 기획하며, 협력 업체인 상사에 디자인과 공장 생산을 의뢰한다. 이 점은 시마무라와 매우 유사하다.

2009년 2월의 매출액은 전기 대비 17퍼센트 증가한 867억 엔이며, 경상 이익은 역시 전기 대비 22퍼센트 증가한 159억 엔으로 10기 연속 증수증익을 달성했다. 연간 매출액은 캐주얼 의류 업계의 쌍두마차인 패스트 리테일링 7,000억 엔 규모과 시마무라 4,000억 엔 규모에 비하면 각각 약 8분의 1과 4분의 1 수준에 불과하지만, 경상 이익률은 18퍼센트로 두 회사를 웃돈다.

많은 유명 기업들의 실적이 무너지고 있는 가운데 포인트가 선전을 계속하는 이유에 대해 섬유 관련 전문지의 한 기자는 이렇게 설명했다.

"후쿠다식의 '맡기는 경영'이 불황 속에서 효과적으로

작용하고 있다는 증거가 된다. 이것은 후쿠다 회장이 가업인 양복점에 입사한 이래 수많은 실패를 거듭하는 가운데 형성된 독자적인 노하우다."

그렇다면 구체적으로는 어떤 것일까?

**포인트
성장 과정의 '벽'**

후쿠다가 가업인 '후쿠다야 양복점'에 입사했을 당시는 교외형 신사복 체인이 급성장하던 시기였다. 개인이 경영하는 양복점이 심각한 경영 위기에 몰렸기 때문에 후쿠다는 살아남기 위한 실마리를 찾고자 자타가 넘버원으로 인정하는 각지의 신사복점을 찾아다녔다. 그 결과 발견한 것은 '모범'이 아니라 '반면교사'였다.

후쿠다는 이런 경영자가 되어서는 안 된다는 것을 깨달았다.

• 위기를 앞에 두고도 당장의 이익만 생각하는 경영자

- 고객이나 직원을 생각하지 않는 경영자
- 30대 종업원이 모두 떠나 버린 경영자

신사복·양복점은 말 그대로 고사 직전에 놓여 있었다. 교외형 신사복점을 시작해 보자는 부친에게 후쿠다는 "사람, 물자, 자본에서 차원이 다른 상대와 똑같은 영역에서 싸운다면 승산은 없습니다. 경쟁이 없는 캐주얼 의류 분야에서 승부를 내야 합니다."라고 주장했다.

이 생각은 야나이와 같다. 당시 야마구치 현에 있던 오고리 상사는 인근 히로시마 현에 체인점을 계획했지만, 이미 후쿠야마 시에 본사를 둔 전국 체인 '아오야마 상사'의 영역이었다. 그 영역에 뛰어들어 이길 수가 없다고 판단한 야나이는 캐주얼로 전환하자고 부친을 설득했다.

결국 후쿠다는 1973년, 부친을 설득해 양복점 근처에 멘즈 캐주얼 숍을 열었다. 당시 전성기를 구가하던 'VAN' 브랜드의 재킷 등을 갖춰 놓은 가게였다. 그리고 도시샤 대학 서클 후배이며 훗날 포인트 사장을 역임하게 되는 구로다 히로시를 캐주얼 숍에 끌어들였다. 구로다는 감각이 있고, 무엇보다도 대인 관계가 좋아 부하 직원들을 하나로 모으는 힘이 있다고 봤기 때문이다.

미토 시의 멘즈 캐주얼 숍은 큰 성공을 거뒀다. 문을 연지 약 5년 사이에 연간 매출은 10억 엔을 넘었으며, 전성기에는 매장을 30개 가까이 늘리기도 했다. 그러나 '행운'은 오래 지속되지 않았다.

후쿠다가 시작한 캐주얼 숍은 각 점장에게 물품 매입을 일임했기 때문에 통일성이 없었다. 또한 점장의 취향에 따라 상품이 구성되었기 때문에 규모의 경영도 이루어지지 않았다. 여기에다 미토에 진출한 대형 남성 의류점에 대항하고자 각 매장이 상품 구성을 강화한 결과 전체 재고가 늘어나 채산성이 급속히 악화되었다.

결국 비축해 두었던 회사 내부 유보금은 바닥을 드러냈고, 전성기 때 가졌던 안락한 생활에 대한 꿈은 무참히 깨지고 말았다.

1982년에는 남성 의류점을 10매장 정도로 축소시키고 새로운 업태로 반전을 결심했다. 리바이스 등을 취급하는 진즈 캐주얼 숍이었다. 당시의 엔화 강세를 이용해서 외국 브랜드를 수입해 싸게 팔면 장사가 될 것이라는 판단이었다. 후쿠다는 멘즈 캐주얼 숍의 전철을 밟지 않기 위해 권한 이양을 모색했다.

회사 임원들과 미국으로 건너가 GAP 등을 시찰하기도 했다. 당시 GAP은 리바이스 등의 상품을 취급하는 진즈 캐주얼 숍에 지나지 않았지만, 언젠가는 일본에서도 주류가 될 것임을 직감할 수 있었다.

미국에서 후쿠다는 서플라이 체인의 구축 방법을 깨달았다. 상품 구성에 관한 기본 전략은 본부가 결정하고 매장 구성이나 일상적인 영업은 각 매장에 맡기는 미국식 노하우를 도입한 결과 진즈 캐주얼 체인점은 성공을 거둘 수 있었다.

그러나 이 업태 또한 침체에 빠지기 시작했다. 임대료가 비싼 패션 중심가에 진출한 데다 경쟁사들은 비용이 저렴한 장소에서 계속 증식했기 때문이다. 경쟁사의 저가 공략에 압박을 받기 시작하면서 리바이스 501을 일본에서 가장 먼저 판매했다고 후쿠다가 자랑한 체인은 손도 써 보지 못한 채 쇠퇴해 갔다.

 **실패에서 얻은 교훈**

멘즈 캐주얼 숍의 실패 때와는 달리 진즈 캐주얼 숍의 일상적인 체인 운영에는 문제가 없었다. 그러나 경쟁점의 출현과 저가 경쟁의 위기를 예견하는 사람이 없었기 때문에 실패를 반복할 수밖에 없었다.

그래서 후쿠다는 결심을 하게 된다.

'좀 더 현장을 단련시키고 권한 이양을 하자. 객관적인 시각으로 회사를 바라보며 잘못된 방향으로 진행되고 있지는 않은지, 예상치 못한 위기가 기다리고 있지는 않은지 항상 확인하자.'

이것이 결과적으로 후쿠다식 '맡기는 경영'의 출발점이 되었다.

진즈 캐주얼 매출이 하락하는 가운데, 후쿠다는 새로운 수익원을 찾아야 했다. 아동복에서 남성용 평상복까지 취급하는 교외형 매장 등 다양한 분야의 진출을 검토한 결과, 저가 경쟁에 빠지기 쉬운 남성용을 제외하자 여성용 캐주얼 의류가 남게 되었다.

1993년 사장에 취임한 후쿠다는 회사명을 '포인트'로 바꾸고 SPA 방식의 여성용 캐주얼 의류점으로 세 번째 업태 전환을 꾀했다. 신상품 기획은 현 사장인 이시이 이하 젊은 직원들에게 전적으로 맡겼다. 남성용 상품 경험밖에 없는 젊은 직원들은 거리를 다니며 여성복 흐름을 공부했다.

포인트의 지향점은 최첨단의 과감한 패션이 아니라 평범한 여성들이 좋아하는 옷이었다. 유행에 민감한 도쿄나 나고야가 아니라 전통 캐주얼을 바탕으로 차분한 옷차림이 많은 후쿠오카나 구마모토에 주목해 중점적으로 정보를 수집했다.

그러나 옷은 팔리지 않았다. 자사의 판매원들까지 '촌스러운 옷'이라고 말할 정도였다. 한편 여성용 캐주얼 의류로 전환하기 위해 종전에 취급했던 수입 진즈 캐주얼 판매를 하나씩 철수할 때마다 그만큼 매출이 하락했다. 이러한 시행착오 끝에 '로리즈팜' 브랜드가 젊은 여성들 사이에 침투하기 시작한 때는 SPA로 전환한 지 몇 년이 지났을 무렵이었다.

브랜드 기획과 매장 운영은 직원들에게 맡기는 반면, 후쿠다는 인재 육성에 힘을 쏟고 있다. '맡기는 경영'을 실현하기 위해서는 현장 수준이 높아져야 한다. 인재 깅화뿐만 아니라 외부에서 인재를 확보해야 할 필요성이 생기면 직접 스카우트에 나섰다. 좋은 인재가 있다는 말을 들으면 거리를 막론하고 찾아가서 됨됨이와 역량을 확인하고 입사를 요청했다.

2004년 5월, 후쿠다는 회사가 도쿄증권거래소 1부에 상장된 지 불과 석 달 뒤에 사장을 구로다에게 양보했고, 2006년에는 이시이를 사장에 발탁했다. 본인에게는 예정된 행동이었지만 일부에서는 놀라움의 목소리도 터져 나왔다.

상명하달식 회사 운영이 트레이드마크인 회장 겸 사장인 야나이와 비교하면 후쿠다의 경영 스타일은 매우 대조적이다. 이 점에 대해 후쿠다는 "경영은 사람마다 다르다."며 말을 아꼈다. 포인트는 유니클로나 시마무라를 상대함과 동시에 H&M이나 포에버21과도 대치해야 한다. 제4의 시련이 다가오고 있는 것이다.

PART 4
세계 시장에서 경쟁할 수 있는 상품을 지향하라

이미 완성된 기술은 남김없이 사용해야 한다. 자원이 없어 기술 대국의 길을 걷는 일본의 제조업은 전통적으로 신기술을 새로운 상품에 골고루 사용함으로써 비용을 억제하고 새로운 시장을 개척해 왔다. 의류품을 공업 제품으로 간주하는 패스트 리테일링 또한 일단 만들어낸 기술을 다양한 제품에 사용하는 것이 특기다. 히트텍과 브라톱도 이와 같은 방식으로 탄생했다.

주가 폭락과 모략설

 패스트 리테일링에는 쓰디쓴 경험이 있다. 플리스 붐이 일던 2000년, 패스트 리테일링의 주가는 하늘 높은 줄 모르고 치솟았다. 그리고 5월 8일에는 마침내 5만 6,000엔이라는 최고가를 기록했다.

 어패럴 업계와 소매 업계에서 독주 상태였는데, 어느 날 갑자기 대폭락이 시작됐다. 2만 9,000엔 정도였던 주가가 12월 19일, 2만 5,400엔으로 떨어지며 거래가 중지된 것이다. 폭락은 이듬해인 2001년에도 이어져 1월 9일에는 2만 엔을 밑돌았으나 그 뒤로는 2만 엔 전후의 혼전상태에 머물렀다.

산이 높으면 골도 깊은 법이다. 주가 폭락의 주원인은 너무나 급격히 성장한 탓에 불안 심리와 질투로 악성루머가 떠돌았기 때문이다. 또한 여기에 결정타로 작용한 것은 2000년 말에 일어난 '에어텍 소동'이다.

유니클로는 2000년 10월, 겨울철 주력 상품으로 폴리에스테르성 중면(中綿)을 넣은 방한복 에어덱을 발매했다. 에어텍은 다운재킷보다 훨씬 저렴한 1만 엔 이하에 보습성이 뛰어나고 무엇보다 세탁기로도 세탁할 수 있다는 점이 세일즈 포인트였다. 그런데 실제로 가정에서 에어텍을 빨자 세탁기가 심하게 진동하면서 고장을 일으켰다.

개가 사람을 물면 뉴스거리가 안 돼도 사람이 개를 물면 뉴스가 되듯이, 의류가 세탁기를 망가뜨렸다는 점에서 이 일은 순식간에 가십거리가 되었다. 결국 패스트 리테일링은 12월 27일자 전국 일간지에 사과 광고를 싣고 주의를 요청했는데, 본사에 접수된 불만 전화는 단 세 건밖에 없었다.

너무나 절묘한 타이밍이었기 때문에 업계에서는 모략설이 떠돌았다. 만약 다른 업체의 상품이었다면 별다른 이야깃거리도 되지 않고 처리되었을 문제였다. 그러나 일부 업계 관계자들이 이 사건에 대해 '이때다!'라는 듯 크게 떠들었던 점을 고려하면 누군가가 뒤에서 시나리오를 쓴 것이 아니겠느냐는 소문이 떠돌았다.

여기에 '세이프가드'Safeguard; 긴급수입제한조치 문제도 떠들썩하게 부상했다. 유니클로 제품은 당시에도 90퍼센트가 중국에서 만들어지고 있었다. 세이프가드는 WTO 세계 무역 기구도 인정하고 있는 수입량 규제 조치로, 예를 들어 한국이 중국산 마늘에 세이프가드를 걸면 중국은 그에 대한 조치로 한국산 휴대 전화의 수입 제한을 발동하는 등 보복전 양상으로 치달을 때가 많다.

2001년 1~9월 사이에 중국에서 수입하는 섬유 제품의 양이 전년 대비 31퍼센트나 급증하면서 수입 침투율 국내 수요에서 수입이 차지하는 비율도 3월 단계에서 이미 면제품이 87퍼센트, 섬유 제품 전체는 65퍼센트에 이르렀다.

이에 대해 섬유 업계는 이 상태를 방치하면 일본의 섬유 산업이 괴멸 상태에 빠져 고용 문제가 심각해지고 기술의 공동화를 초래할 것이라고 주장했다. 그러자 경제산업성은 업계가 세이프가드를 요청하는 데 필요한 절차를 간소화하기 위해 성령省令을 개정했다.

세이브가드가 발령되면 가장 피해를 받는 곳이 유니클로라는 것은 업계의 상식이었다. 업계와 관청이 이인삼각으로 '유니클로 때리기'를 노린 것이다. 결국 세이프가드는 실제로 발동되지 않은 채 소문으로만 끝났다. 중국과의 상호협력은 당시 패스트 리테일링뿐만 아니라 일본 산업의 커다란 흐름이었던 탓에 섬유·어패럴 업계 내에서 반대의 목소리가 나왔기 때문이었다.

2001년은 참의원 선거가 있었던 해다. 당시 자민당의 족의원族議員; 관련 업계의 이익을 보호하기 위해 관계 부처에 강한 영향력을 행사하는 국회의원—옮긴이들은 주류 판매점을 보호하기 위해 편의점과 슈퍼마켓의 주류 판매를 제한하려 했다. 말할 것도 없이 주류 판매점 조합의 표를 얻기 위해서였다.

유니클로 때리기도 이와 맥을 같이 한다. 미일 섬유 교섭에서 알 수 있듯이 섬유 업계는 과거부터 정·관계와 유착 관계를 유지해 온 구태의연한 조직이다. 그러나 패스트 리테일링은 정·관계와 유착 관계를 맺지 않았다. 섬유 업계로서는 눈엣가시 같은 존재였던 것이다.

지금 생각해 보면 세이프가드 발동에 대한 이야기가 떠오른 타이밍은 참의원 선거와 관계가 있다고 보는 편이 타당하다. 자민당이 볼 때 신흥 세력인 유니클로보다 직접 표로 이어지는 기존 업계가 훨씬 소중하다는 것은 자명하기 때문이다.

당시 패스트 리테일링 관리부 IR 홍보팀의 반론은 이러했다.

"당사는 자유 무역의 확대에 역행하는 긴급수입제한조치에 단호히 반대한다. 당사를 포함한 소매업과 어패럴 업계는 중국으로부터 수입을 늘리고 있으며, 이것은 경제의 자연스러운 흐름이라고 생각한다. 섬유 제품처럼 노동 비용이 가격 경쟁에 크게 반영되는 상품은 기본적으로 비용이 낮은 나라에서 생산해서 수입하는 것이 합리적이다. 소비자의 이익으로 바로 이어지기 때문이다."

 품질이 좋으면서 저렴한 상품을 원하는 소비자의 욕구는 10년이 지난 오늘날 더욱 강해지고 있다. 수입을 제한하는 것은 소비자를 무시한 처사로 정치가의 표밭 관리에 불과한 근시안적인 시책일 뿐, 진정으로 구제가 필요한 업계를 위한 것이 아니다.
 패스트 리테일링은 일본의 정경유착에 정면으로 대항했다는 점에서도 지금의 기반을 쌓을 자격이 충분하다.

브랜드 파워 강화로 '팔리는 구조'를 만든다

 모략설이 나올 정도로 강력했던 플리스의 대히트에 이어 저가 캐시미어 등 히트작을 만들었지만, 상품의 기세가 한풀 꺾이면 실적이 하락하는 패턴이 반복되었다. 그런데 2009년 8월기에는 히트텍과 브라톱 외에 디자인을 강화한 폴로셔츠, 도쿄 걸즈 컬렉션과의 합작 재킷 등 인기 상품을 연속적으로 출시하는 쾌거를 이루었다.

 회장이던 야나이가 2005년 9월에 사장으로 복귀한 뒤 단행한 상품 개발 체제 강화가 결실을 맺어 두 개의 히트 상품을 한꺼번에 만들어내는 고속 회전 사이클이 된 것이다.

2009년 2월에 닛케이 산업지역연구소가 발표한 '좋아하는 브랜드 조사'에서 유니클로는 버버리Burberry에 이어 2위에 올랐다. 3위는 루이비통Louis Vuitton이었다. '다양한 사람들이 좋은 캐주얼을 입을 수 있도록 하는 새로운 일본 기업이다.'라는 유니클로의 브랜드 이미지가 일본인들의 마음 속에 침투해서 얻은 결과였다.

이미 완성된 기술은 남김없이 사용해야 한다. 자원이 없어 기술 대국의 길을 걷는 일본의 제조업은 전통적으로 신기술을 새로운 상품에 골고루 사용함으로써 비용을 억제하고 새로운 시장을 개척해 왔다. 의류품을 공업 제품으로 간주하는 패스트 리테일링 또한 일단 만들어낸 기술을 다양한 제품에 사용하는 것이 특기다. 히트텍과 브라톱도 이와 같은 방식으로 탄생했다.

그러나 유니클로에는 소품종 대량 생산되는 공업 제품이 가질 수밖에 없는 패션성 무시라는 약점이 있었다. 야나이가 디자이너에게 요구한 것이 '디자인을 하지 않는 것'이었다고 하니 그것도 당연하다.

실루엣과 착용감의 열쇠를 쥐고 있는 패터너디자이너가 그린 디자인화를 바탕으로 형지型紙를 만드는 담당자를 '설계사'라고 부른 것도 흥미롭다. 이렇게 해서 세상에 나온 기본형의 공업제 의류는 고객들에게 순식간에 외면당했다.

자극을 받은 패스트 리테일링은 창조력과 시대 대응력을 높여 '지금 사야 할 이유가 있는 상품 개발을 강화'하기 위해 2002년 4월에 디자인 연구소를 설립하고 이세이 미야케의 전 사장인 다다 히로시를 실장으로 영입했다.

여성 고객들의 발길을 되돌리고 싶었던 패스트 리테일링은 영국 진출을 계기로 세계와 경쟁하기 위해서는 여성용 상품 강화의 필요성을 깨닫고 상품 전환을 서둘렀다. 또한 내수촉진과 소비의욕을 부추기기 위해 2개월 단위로 투입하는 상품을 준비하고 규모의 이점을 살려 소재 업체와 공동 상품 개발을 촉진하는 등 경쟁력 강화를 위해 노력하기 시작한 것도 이 무렵이다.

이러한 노력이 성과를 거두어, 2003년 8월에는 드디어 23개월 만에 기존점 매출액이 플러스로 돌아서기 시작했다. 이 시기에는 저온현상이 지속된 탓에 여름철 상품 판매가 극도로 부진해 소매 업계를 고심케 했다. 그러나 패스트 리테일링은 서고동저의 기온에 대응해서 동일본과 북일본의 여름철 상품을 서일본과 남일본으로 보내고 동일본과 북일본에는 가을 상품을 일찍감치 투입했다.

당장 눈앞에서 벌어진 일에 대해 날씨 타령으로 일관하지 않고 재빨리 대응한 것이 패스트 리테일링을 더욱 크게 키웠다. 또한 다리를 예쁘게 보이도록 하는 실루엣에 신축성을 높인 여성용 스트레치 팬츠 등 전년 동기(同期)에 비해 두 배에 이르는 히트 상품도 만들어냈다.

시오리 경영권을 획득하다

 23개월 만의 전년 동기 대비 플러스를 기록한 2003년, 패스트 리테일링은 일본 커리어 우먼에게 지지를 받고 있는 미국 브랜드 '시오리Theory 링크 시오리 홀딩스; 2009년 7월 완전 자회사화의 경영권을 취득하고 국내 라이선스 기업과 자본을 제휴했다.

 패스트 리테일링은 1996년에도 아동복 기획 개발을 노리고 반미니VANMINI, 반 재킷의 아동복 부문으로 설립된 기업를 매수한 적이 있지만, 캐주얼 의류 부문에서 유니클로 이외의 사업에 뛰어든 것은 처음이었다.

 이것은 신규 사업으로 시작한 식품 사업에 이은 다각화

의 일환으로, SPA를 통해 쌓은 노하우와 풍부한 자금과 인재를 활용해 2010년에는 그룹 매출액 1조 엔을 달성한다는 장대한 목표에 따른 노선 강화책의 하나였다.

시오리와의 제휴는 해외 진출과 사업다각화의 양면에서 효과가 기대되었다. 여기서 오해하지 말아야 할 점은 시오리의 상품은 유니클로 매장에 진열되지 않으며 패스트 리테일링이 고가 노선으로 선회한 것도 아니라는 점이다. 오히려 시오리의 경영권을 취득하고 나서도 "시장 최저 가격을 고수한다."고 공언했다.

시오리의 노하우를 배워 유니클로 제품의 감각을 높이고 해외 진출에 도움을 받으며 사업다각화를 통해 연결 실적 향상에 기여하리라고 기대한 것이다. 이온이 미국의 의류 회사인 탈봇Talbots을 자회사화한 것과 같은 맥락이라고 볼 수 있다.

시오리는 1997년에 앤드루 로젠Andrew Rosen과 엘리 타하리Elie Tahari가 뉴욕에서 설립한 커리어 우먼 대상의 브랜드다. 디사인은 평범하지만 섹시하고 신축성이 강한 이탈리아 소재를 사용해 아름다운 실루엣과 편안한 착용감으로 급성장했다.

일본에서는 미국 시오리 창업자인 로젠의 20년 지기이며 거대 어패럴 기업인 월드 홍콩의 사장을 역임해 해외 패션 비즈니스 경험이 풍부한 사사키 지카라가 경영하는 링크 인터내셔널에서 1998년부터 판매하기 시작했다. 그 후 잡지에서 인기 모델의 애용품으로 소개되고 입소문이 나면서 인기가 상승해 2002년 8월기에 매출액 70억 엔, 2003년 8월기에 115억 엔을 기록하는 등 비약적으로 성장했으며, 이후로도 안정된 실적을 유지해 왔다.

야나이도 "감성과 경영 감각을 겸비한, 패션 업계에서는 보기 드문 경영자"라며 사사키 사장에게 신뢰를 보내고 있다. 그리고 "자금을 포함한 기업 인프라가 취약한 면을 패스트 리테일링이 협력함으로써 더욱 성장시킬 수 있다."며 성장 가능성을 보고 자회사로 만들었다.

시오리 본사가 있는 뉴욕은 패스트 리테일링이 세계 전략의 거점으로 지정한 곳이다. 시오리의 인재와 노하우, 네트워크를 활용해 미국을 포함한 해외 진출의 포석으로 삼겠다는 복안도 있다.

시오리는 유니클로와 같은 기본형 상품군이지만 가격 면에서 10배나 비싼 고액 제품군이다. 따라서 야나이는 "양사가 협력하면 새로운 가격대의 브랜드를 개발할 수 있다."며 전략을 짜고 있다.

'+J플러스제이'가 야나이의 이러한 새로운 브랜드 개발 구상으로 탄생한 것은 아닐까?

유니클로
비약 발전의 또 다른 열쇠

유니클로의 강점은 저렴한 가격을 내세워 캐주얼 시장을 넓혔다는 점이다. 예를 들어 40세 이상의 남성에게 캐주얼은 골프웨어라는 이미지가 있지만, 유니클로는 독자적인 캐주얼을 저렴한 가격에 제안했다. 가격이 저렴하기 때문에 중년 남성들도 모험을 한다는 생각으로 부담 없이 구입할 수 있다.

그러나 중년 남성들은 뒷전으로 밀려날 것 같다. 왜냐하면 현재 여성 의류 사업이 대공세를 펼치고 있기 때문이다. 2009년 8월기에는 연결 매출액의 80퍼센트 가까이를 차지하는 일본 국내 유니클로 사업약 780점, 약 5,400억 엔에서 여성 의류 매출액이 처음으로 남성 의류를 제쳤다. 앞으로는 국내 유니클로의 여성 의류 매출액을 연간 20~30퍼센트 높이고 해외에서도 판매를 확대할 계획을 세우고 있다.

2008년 패스트 리테일링은 자국 내의 여성 의류 시장이 약 6조 3,190억 엔으로 남성 의류의 약 2.3배에 이르며 '세계 의류 시장의 약 70퍼센트는 여성 시장'이라고 분석하고 중점 상품으로 지정했다. 게다가 가을 시즌의 경기 악화를 기점으로 해외 고급 브랜드 의류 선호에서 저가에 패션감각이 뛰어난 유니클로 등의 패스트패션으로 이동하는 여성도 늘어나고 있다.

패스트 리테일링은 2009년 9월부터 전 세계 유니클로에서 순차적으로 미국 '디즈니'의 캐릭터를 새긴 티셔츠를 발매했고, 10월부터는 디자이너 질 샌더와 공동 개발한 신상품군 '플러스제이'를 약 90개 매장에서 선보였다. 양쪽 모두 여성을 대상으로 한 상품이 중심이다.

한편 백화점은 대조적인 상황이다. 주력 상품인 여성 의류가 부진에 허덕이고 있다. 백화점에서 구입하는 의류가 절약이라는 최근 흐름의 직격탄을 맞았기 때문이다. 각 백화점은 저가 상품을 투입해 10~20대의 젊은 여성 고객층 개척에 나서는 등 필사적인 반전을 꾀하고 있다.

"백화점 불황의 원인은 어디를 가든 똑같은 상품이 진열돼 있어 다양한 고객의 요구에 부응하지 못하고 있기 때문이다." 유통 저널리스트

대형 백화점 임원들도 이 점은 잘 알고 있다. 그러나 백화점 업계의 의류 매출이 축소를 거듭하고 있는 현상은 막을 수가 없다. 한 가정당 의류 지출액 연간은 1991년의 29만 엔을 정점으로 계속 하락해 2008년도에는 14만 엔으로 52퍼센트나 감소했다.

전국 백화점 매출액의 40퍼센트를 차지하는 의류 판매는 지출액 감소의 직격탄을 맞아 2009년 7월까지 13개월 연속으로 전년 동월 수치를 밑돌았다. '상품 하나를 사는 데 많은 시간을 들이는 고객과 단품만 구입하는 고객이 늘고 있는' 등 절약 지향은 뚜렷하게 나타나고 있다.

한편 패스트 리테일링의 2009년 8월기 매출액은 전년 동월 대비 16퍼센트 증가했으며, 영업 이익도 23퍼센트나 증가해 백화점과 희비가 엇갈렸다.

백화점과 패스트 리테일링의 차이를 한마디로 표현한다면 대차대조표의 크기다. 패스트 리테일링의 대차대조표는 작다. 자사가 공장이나 물류 센터를 갖고 있지 않으며 매장은 대부분 임대다. 고정 자산을 최대한 줄여 조달한 자본으

로 효율적으로 이익을 만들어낸다. 이것이 높은 ROA_{총자산 이익률}와 ROE_{주주 자본 이익률}로 확연히 드러나고 있다.

가치가 있기 때문에 팔린다

현금에 대한 집착도 백화점보다 훨씬 강하다. 유니클로의 압도적인 상품력은 이러한 경영 기반 위에 존재한다.

매출 부진에 대한 대책으로 각 백화점은 종전에 비해 20퍼센트 정도 저렴한 저가 상품을 잇달아 투입하고 있다. 이는 상품 구성 폭을 넓혀 새로운 고객층을 끌어들이려는 노림수나.

다카시마야는 작년 6월부터 어패럴 업체 등과 협력해 신사복과 숙녀복을 합쳐 약 140종류의 브랜드에서 기존보다 20~30퍼센트 저렴한 '나이스프라이스' 상품을 판매하고 있다. 할인판매 상품이 아닌 정규 상품으로, 그 반응이 뜨

겁다고 한다.

다이마루가 메이커 제품보다 20퍼센트 정도 저렴한 가격에 내놓은 자사 브랜드PB '밸류 프라이스' 또한 9,000~1만 3,000엔의 블라우스 등이 인기를 끌고 있어 가을·겨울 시즌에는 상품을 더욱 강화할 생각이다.

이세탄은 신주쿠 본점이 지하 2층을 저렴한 싱품을 제내로 갖춘 10~20대 여성 대상 매장으로 새단장하고 2009년 9월 3일에 영업을 시작했다. 세이부 백화점 이케부쿠로 본점이나 오타큐 백화점 신주쿠점도 가을 새단장을 통해 20대 여성을 겨냥한 매장을 설치했다.

젊은 여성을 대상으로 한 의류는 '시부야 109'나 '신주쿠 루미네' 등 패션 빌딩의 전문 영역이었다. 백화점도 지금까지는 젊은 여성용 의류를 그다지 중요하게 생각하지 않았지만, 미래의 고객을 확보한다는 목적과 함께 강화하는 방향으로 선회했다. 다만 변화무쌍한 젊은 여성들의 트렌드에 얼마나 대응할 수 있느냐와 기존의 쇼핑 빌딩과 차별된 개성을 얼마나 연출할 수 있느냐가 성공 열쇠가 될 것이다.

백화점 납품에 의지해 온 어패럴 업체는 기존의 습관에 따른 고비용 체질을 벗어 던지지 못하고 있다. 지나치게 큰 고정 자산 때문에 신음하고 있는 기업도 많다. 리드타임

Lead Time; 어떤 상품을 발주 받아 납품을 끝마치기까지 걸리는 시간-옮긴이은 평균 반년이며, 이에 따라 상품이 현금화되기까지 기간이 길기 때문에 그 기간이 짧은 패스트 리테일링의 상대가 되지 않는다.

기존의 어패럴 업체와 백화점의 강력한 라이벌이 된 유니클로는 일본인의 생활에 없어서는 안 될 존재가 되었다. 언제라도 매장에 가면 상품이 있기 때문에 안도감을 가지며 상품 또한 부단한 진화를 계속하고 있다. 백화점에는 미안한 소리지만, 백화점의 의류 매장이 축소되어도 우리의 생활에는 아무런 지장이 없다.

"가격이 저렴해서 팔리는 것이 아니다. 우리보다 더 가격이 저렴한 곳은 얼마든지 있다. 단순히 싸니까 팔리는 것이라면 우리보다 그쪽이 더 많이 팔릴 것이다. 그렇다면 왜 팔릴까? 고객이 바라보는 가치가 다르기 때문이다. 그래서 팔리는 것이다."

야나이의 말처럼, 이미 유니클로를 라이프라인 상품이라고 단언하는 전문가도 있다.

백화점 의류에는 없는 유니클로가 가진 강점의 비밀은 바로 상품의 높은 범용성이다. 2009년에 팔린 튜닉길이가 긴 원피스과 스커트의 두 가지 패턴으로 입을 수 있는 20대 여성 대상의 2WAY 상품은 '절약 지향', '수납 공간 제한'이라는 환경 속에서 생활하는 여성들의 지지를 받았다.

  이처럼 생활에 순응한 잠재 수요를 발굴해 그 수요를 만족시키는 상품을 남들보다 빨리 개발하는 패스트 리테일링의 시스템은 완성도 또한 높다.

속옷과 겉옷이라는 카테고리는 없다

 세계 진출과 신업태 개발을 위해 새로운 발걸음을 내딛은 패스트 리테일링이 열풍 종식 후의 위기에서 탈출해 재성장 궤도에 오르기까지 어떠한 변화를 겪었을까?

 먼저, 디자인하지 않는 디자이너에서 디자인을 하는 디자이너로 탈바꿈했다. 디자이너를 활용해야만 불황에도 잘 팔리는 상품을 만들 수 있다는 당연한 진리를 깨달은 이후 기세를 되찾았다.

 옷에 생활을 맞추는 것이 패션 의류이므로, 착용감은 떨어지지만 멋을 내야 할 때나 특별한 순간에는 유행하는 옷을 입고 싶어한다. 그러나 24시간 내내 그 옷만 입고 살 수는 없다.

일상생활의 대부분을 차지하는 것은 가사 노동이나 회사 일, 출퇴근, 육아 같은 실생활이다. 따라서 다림질이 필요 없는 블라우스나 세탁 후 금방 말려 입을 수 있는 셔츠 등 가사 시간을 단축해 주는 유니클로 제품은 고마운 존재가 되었다.

2009년 1월 인터넷 조사 기관인 마이보이스컴에 따르면 20~40대 여성의 90퍼센트 이상이 유니클로를 이용한다는 결과를 발표했다. 브라톱을 여성 네 명 중 한 명이 구입한 데는 이러한 이유가 있는 것이다.

유니클로의 '독주'를 상징하는 것이 '브라톱'의 히트다. 브라톱은 탱크톱이나 캐미솔의 가슴 부분을 브래지어와 일체화시킨 새로운 콘셉트의 옷으로, 외출복이나 실내복으로 사용할 수 있는 범용성과 섹시한 스타일이 호평을 받아 2008년에 300만 벌이 팔려 나갔다. 또 겨울철에는 도레이와 공동 개발한 높은 보온성을 지닌 기능성 속옷인 '히트텍'이 2,000만 벌 판매되는 대히트를 기록했다.

브라톱은 '캡이 내장된 캐미솔'이라는 콘셉트의 속옷으로 판매되었다. 그것을 유니클로는 2009년에 원피스 등의 아우터외출복로 진화시켰다. 브라톱은 속옷이면서도 속옷이 아니다. 속옷, 겉옷이라는 카테고리에 얽매여서는 새로운 상품이 탄생할 여지가 없다.

　브라톱은 여성의 의복에 대한 사고방식의 변화를 유니클로가 정확히 파악했기 때문에 탄생할 수 있었다. 상품 개발 담당자는 항상 고객의 목소리에 귀를 기울인다. 텔레비전, 잡지, 인터뷰 등을 살피고 온갖 지역에 안테나를 세우고 작은 변화와 수요를 놓치지 않는다. 그 과정에서 '좀 더 편안한 옷을 입고 싶다'는 의견을 듣게 된 것이다.

　대부분의 브래지어는 모 광고의 "모아서 올려줘요"라는 문구처럼 외관을 의식한 경쟁을 하고 있다. 이것은 보기에는 좋지만, 캐리어 우먼들은 불편을 느낄 뿐 편하다는 느낌은 없었다. 따라서 이런 불편한 물건은 벗어버리고 싶다는 불만을 품는 사람이 많았다. 바로 대중적인 욕구에 부응한 것이 '브래지어를 하지 않아도 되는 속옷' 브라톱이었다. 그렇기 때문에 300만 벌이나 팔 수 있었던 것이다.

발상의 전환으로 히트한 브라톱

 사실 브라톱은 대히트를 기록하기 3년 전인 2005년부터 판매되고 있었다. 2007년에는 160만 벌이 팔렸다. 그러나 화제가 된 것은 2008년부터다. 왜 3년이나 지나서 갑자기 히트를 친 것일까?

 그 이유는 유니클로 매장이 브라톱의 수요가 크다는 사실을 깨닫지 못했기 때문이었다. 브라톱을 속옷의 연장선상으로 볼 뿐 캐주얼 의류로는 생각하지 않았다. 그러다 2008년부터 속옷이 아닌 캐주얼로 취급하게 되었다. 매장을 찾는 고객의 눈에 잘 띄는 공간을 확보해 브라톱을 진열했다. 다른 차이는 없었다. 속옷 매장에서 캐주얼 매장으로 옮겼을 뿐인데 대히트를 친 것이다.

그 후 브라톱은 하나의 플랫폼으로 복수의 자동차를 양산하듯 수많은 가능성을 내포하게 되었다. 편안한 옷을 입고 싶다는 생각은 속옷에만 해당되는 것이 아니다. 이것 한 벌만 입으면 외출할 수 있는 아우터 상품으로 '수평 전개' 시키면 어떨까라는 제안이 나왔다.

이너웨어를 아우터로 활용한다는 발상의 전환은 상품 분류를 수직적으로 생각하는 발상에서는 결코 탄생할 수 없는 혁신적인 아이디어였다. 물론 실제로 상품화하는 과정에서는 연구와 개량이 거듭되었다. 가령 가슴에 대는 캡의 경우, 당초의 상품은 시간이 지나면 누렇게 변색되는 약점이 있었다. 그 때문에 눈에 잘 띄지 않는 짙은 색 상품밖에 만들 수 없었다. 당연히 캡 소재의 개량이 필요했고, 소재를 바꿈으로써 색이 연한 옷도 만들 수 있게 되었다. 처음에 생산됐던 상품은 패드와 옷감이 분리되어서 안정감이 부족했다. 그 때문에 가슴이 큰 사람은 불안해서 입기가 힘들었는데, 이 결점은 패드와 옷감을 일체회시킴으로써 극복했다.

수평 전개의 효과는 엄청났다. 2009년의 브라톱은 2008년의 3배에 해당하는 900만 벌을 판매한다는 목표를 세울 만큼 자신감에 찬 상품이 되었다.

"현재 상태에 만족하지 마라."

야나이는 항상 이렇게 말하며 채찍질을 멈추지 않는다. 끝없이 수평 전개를 계속하기 때문에 히트 상품이 대히트 상품으로 진화하는 것이다.

패스트 리테일링의 독주를 뒷받침하는 것은 브라톱과 히트텍 등의 대히트 상품을 만들어낸 기술력이다. 연이은 히트 상품의 배경에는 그동안 디자인을 하지 않던 디자이너들의 일하는 방식이 크게 바뀐 것도 한 몫 했다.

아이디어를 바탕으로 제품을 만들어도 판매가 그다지 좋지 않다는 것이 유니클로 디자이너들이 안고 있던 고민이었다. 애초에 디자이너에게도 '우리 회사의 고객은 가격을 중시한다.'라는 생각이 있었다. 이런 생각 때문에 고객의 참모습이 보이지 않았던 것이다.

유니클로 디자이너에게 요구되는 것은 현장을 직접 보는 것이다. 따라서 그 일환으로 실시된 것이 월 한 차례의 '현장 검증'이다.

디자이너들은 판매 스태프의 신랄한 보고에 조용히 귀를 기울인다. 야나이에게 직접 "이 제품은 어느 디자이너가 만들었습니까?"라는 질문을 받기도 한다. 패스트 리테일링의 디자이너는 도쿄 긴자점에 한 달에 한 번씩 불려 가 직접 디자인한 상품의 판매 상황을 스태프로부터 듣는다. 야나이를 비롯해 간부와 직원이 모여 있는 가운데 상품이 심판대에 오르는데 이것을 '워크스루 미팅Walkthrough Meeting'이라 부른다.

그러나 현장의 목소리를 직접 듣는 것만으로는 의미가 없다. 여러 가지를 깨닫고 실제로 구체화하는 것이 중요하다. 이를 위해 패스트 리테일링은 디자이너들에게 과제를 부여했다. 110명인 디자이너에게 한 사람이 매주 하나의 아이디어를 생각하도록 의무화해 매주 110개의 아이디어가 보고된다.

선택을 하는 쪽으로서도 만만치 않은 작업이지만 1년에 5,000개가 넘는 아이디어 중에서 하나만 성공을 거둬도 커다란 성과다. 그만큼 디자인은 제품으로 성공하기가 힘들다. 이러한 작업 속에서 탄생한 것이 2006년에 발매된 스키니진이다.

다리에 딱 달라붙어 라인을 그대로 보여주는 스키니진은 당시 일본인들에게 적합하지 않다는 반대 의견에 부딪쳤다. 그러나 디자이너는 현장의 정보를 통해 히트를 확신했다고 한다. 아직 친숙하지 않은 스키니진을 많은 사람들이 입을 수 있도록 궁리를 거듭했다.

신축성이 뛰어난 소재를 채용해 입고 벗기 쉽게 만들었

다. 그리고 최대한 다리가 길어 보이도록 했다. 처음에는 연간 10만 벌을 판매할 계획이었지만, 결과적으로는 40배인 연 400만 벌을 판매하는 주력 상품으로 성장했다.

브라톱과 히트텍, 스키니진의 성공은 매장에서 나오는 순간 유니클로 봉투를 가방 속에 감추는 '유니바레' 현상을 일으켰던 고객들을 충성도 높은 고객으로 바꿔 놓았다. 주위의 목소리에 귀를 기울이지 않는 독선적인 디자인으로는 결코 잘 팔리는 상품을 만들 수 없다. 그 사실을 체험한 디자이너들은 자주 매장을 찾는다.

그러나 디자이너가 고객을 만족시킬 만한 아이디어를 떠올려도 그 아이디어가 조직에 전달되지 않으면 상품으로 완성되지 못한다. 디자이너와 마케팅 부서 사이에 벽이 놓여 있으면 모처럼 좋은 아이디어가 나와도 매출로 이어질 수 없다.

위기를 기회로 바꾸는 문제 상품의 회수 속도

티셔츠나 컷소_{폴로셔츠나 스웨터 같은 유형의 옷-옮긴이} 같은 평범한 의류에 관해서는 경쟁사의 제품도 품질이 향상되어 그 차이를 소비자가 느끼기 힘들게 되었다. 이렇게 차별화가 어려운 시대에 패스트 리테일링은 위기를 기회로 바꾸는 수법을 구사하고 있다. 그것은 문제 상품의 재빠른 회수다.

패스트 리테일링은 2008년에 약 5만 벌을 판매한 남자 아동용 수영 팬츠가 하복부의 피부를 다치게 할 우려가 있다며 회수를 시작했다. 그때까지 부상 사례는 6건이 확인된 상태였다. 상품명은 '보이스 패널 스윔슈트'로, 2008년 4월 17일부터 8월말까지 판매되었다.

2009년 10월에는 GOV 리테일링이 판매한 여성용 부츠에 문제점이 발견돼 자진 회수를 발표했다. 바닥 안쪽에 철사 모양의 돌출물이 나올 가능성이 있었고 회수 대상은 모두 4,812켤레에 이르렀다.

이제 속옷을 캐주얼로 바꾼 것만으로 커다란 이익을 낳은 마법 같은 이야기로 되돌아가자. 브래지어 전문 업체는 캐주얼웨어를 취급하지 않으며, 캐주얼웨어를 제조하는 어패럴 체인에는 브래지어의 노하우가 있을 리 없다. 그러나 유니클로는 4년 전부터 이너웨어 시장에 본격적으로 뛰어들어 제조 기술을 축적해 왔다.

브라톱은 마법과도 같은 아이디어만으로 히트 상품이 된 것은 아니다. 핵심은 사업의 규모였다. 크기별로 캡의 모양을 만들고 완성된 캡을 옷에 재봉하는 작업은 당연히 비용이 들어간다. 옷과 캡의 종류를 늘리려면 다품종 소량 생산이 되어 유니클로의 장점을 희석시킨다. 그러나 패스트 리테일링은 자사의 규모를 최대한 활용해 이 모순된 문제를 해결하고 다른 회사에서는 절대 따라할 수 없는 이너웨어의 캐주얼화를 실현했다. 이것은 라이벌들이 도저히 따라올 수 없는 강력한 차별화였다.

중국과는 거래가 아니라 '함께' 일한다

유니클로가 매년 생산하는 의류품의 수량은 4억 벌에 이르는데, 그 중에서 90퍼센트는 중국에서 생산된다. 그리고 중국 전역에는 현재 70개에 이르는 제휴 공장이 있다.

중국 상하이에서 자동차로 3시간 거리에 있는 닝보 시 교외의 공장 단지에는 '유니클로 전문 공장'이라는 간판이 걸려 있다. 공장 안으로 들어가면 규모의 이점을 최대한 활용해 유니클로의 압도적인 판매력을 가능케 해주는 생산 현장이 있다.

이 공장은 티셔츠와 파카 등의 생산을 위탁받고 있다. 공장을 운영하는 곳은 홍콩 증권 거래소에 주식을 상장하고 있는 중국 최대의 어패럴 생산 회사다. 유니클로 제품이 생산량의 45퍼센트를 차지하며, 그밖에도 구미의 유명 스포츠 용품 브랜드 제품을 생산하고 있다.

이 정도의 규모를 자랑하는 어패럴 공장은 세계에서도 손에 꼽을 정도다. 종업원은 약 4만 명이며, 그중 유니클로 전용 봉제 공장에만 1만 6,000명이 일한다. 10대, 20대 여성 종업원 대부분은 후난 성과 후베이 성, 산둥 성 등지에서 돈을 벌기 위해 온 사람들로, 월급 1,000위안^{약 1만 4,500엔}에 잔업 수당이 더해진다.

3교대로 24시간 가동해 하루에 40만 벌에 이르는 생산량을 자랑하지만 만성적인 인력 부족에 시달리고 있다. 금융 위기에 따른 수출 격감으로 중국 연안부에 있는 어패럴 공장은 괴멸 상태가 가속되는 가운데 이곳은 마치 다른 세상에 있는 듯하다.

중국에는 수천 명 규모의 봉제 공장이 많다. 그러나 이곳의 특징은 최첨단 생산 시스템을 도입했다는 점이다. 그 결과 일본 제조업의 최대 강점인 효율과 품질을 실현했다.

옷감 생산에서 검사까지 일괄 시스템을 실현하다

 유니클로 협력 공장이 대단한 점은 옷감 생산에서 염색, 프린트, 봉제에 이르는 각 공정을 같은 회사 안에서 처리하는 일괄 생산 체제를 확립했다는 것이다. 트럭에 실려 온 엄청난 양의 원사를 길게 늘어서 있는 방직 기계가 옷감으로 만든다. 그리고 매일 200톤의 옷감을 염색하고 재단한 뒤에 무늬를 프린트해 봉제한다.

 주력으로 사용하는 방직 기계는 일본의 섬유 기지가 중국 제품에 밀려 어쩔 수 없이 공장을 폐쇄할 때 공짜나 다름없는 가격에 구입한 고성능 기계다. 보통 어패럴 제품은 각 공정의 전문업자들이 분업으로 만드는 경우가 일반적이지만, 이곳에는 각 공정의 전문 공장이 같은 단지에 모여 있다.

이 일괄 체제가 재고나 물류 등에서 최대한의 효율을 발휘함은 두말할 필요도 없다. 그러나 그것만이 아니다. 일본이 물건을 만들 때 무엇보다 중요하게 여기는 '품질'을 보장할 수 있다는 점에서도 이점이 있다.

공장 안의 라인은 첨단 설비로 되어 있다. 봉제 공장 안의 일부 라인에는 즐비하게 늘어선 재봉 기계가 공중을 지나가는 레일로 연결되어 있으며, 천이나 부재를 매단 행거가 그곳을 왕복한다. '행거 시스템'으로 불리는 이것은 유니클로의 기술 지원 아래 6년 전에 도입되었다.

라인 전체의 투자 금액은 수천 만 엔 단위로, 평범한 봉제 공장에서는 쉽게 도입할 수 없는 것이다. 버튼 하나만 누르면 반제품을 다음 공정으로 이동시킬 수 있기 때문에 작업자는 봉제에 집중할 수 있다.

일괄 체제든 적극적인 설비 투자든, 유니클로에서 안정적으로 막대한 발주량이 보장되어 단기간에 투자를 회수할 수 있기 때문에 가능한 것이다. 생산 회사가 이러한 체제 구축과 막대한 설비 투자를 감행할 수 있는 이유는 투자 회수의 속도만이 아니다. 그것은 유니클로와 생산 회사가 비즈니스상의 강한 신뢰 관계로 연결되어 있기 때문이다.

구미의 어패럴 브랜드는 갑자기 계약을 취소하고 다른 공장으로 생산을 이전하거나 리스크를 피하기 위해 여러 공장과 계약을 맺고 소량씩 생산하는 일이 종종 있다. H&M은 제휴 공장이 700개나 된다. 그러나 패스트 리테일링은 '중복 노선'을 택하지 않고 제휴 공장을 70개로 압축해 집중적으로 거래한다.

잘나가는 기업의 '매장'은 이런 점이 다르다!

 이번에는 생산 현장에서 눈을 돌려 가장 고객과 가까운 매장을 살펴보자. 일본 최대 규모의 매출을 자랑하는 긴자점은 매장 면적 450평에 상시 20~30명이 일한다. 점장 한 명에 부점장 두 명, 그리고 각 층에는 플로어 점장이 있으며, 파트 타임을 포함해 모두 200명이 몸담고 있다.

 유니클로에는 점장과 슈퍼 점장, 슈퍼스타 점장ss으로 크게 세 단계의 점장이 있는데, 긴자점의 점장은 SS다. 전국의 약 760개 매장 중 SS는 불과 십여 명 정도 밖에 없다. SS는 발주와 판매 계획, 인사를 결정할 수 있는 권한을 가진 사장과 같은 존재다.

일반적인 매장이라면 상품은 IT를 통해 자동 발주된다. 그러나 SS가 있는 매장은 자신들이 계획을 세워 상품을 입고할 수 있다. 게다가 SS는 본사 어디에나 자유롭게 출입할 수 있으며 숫자 파악을 위해 자료 제출을 요구할 수 있다. 또한 야나이 사장으로부터 직접 지시를 받을 때도 있다.

유니클로 매장에서는 매주 월요일에 플로어의 인사 담당자가 일주일의 근무 계획을 작성한다. 이때 한 사람 한 사람의 작업 계획을 상세히 지시한다. 매장의 상품 구성과 계산, 진열 등 층마다 판매원이 몇 명 있고 무엇을 해야 할지를 15분 단위로 계획한다.

작업에 따라서는 초 단위로 시간을 정한다. 가령 바짓단 수선은 제봉되어 있는 실을 푸는 데 소요되는 시간, 다시 제봉하는 데 소요되는 시간, 작업 전체를 끝내는 데 소요되는 시간 등을 모두 초 단위로 정한다. '패스트패션'이기 때문에 쇠고기 덮밥처럼 즉시 고객의 손에 상품을 전달해야 한다. '좋은 물건을 싸게 판다'는 원칙에 위배되는 낭비는 단 1초도 허용하지 않는데 그 철저함은 놀라울 정도다.

판매원도 마찬가지다. 기본은 셀프서비스지만, 필요하다고 여겨질 때는 빠르게 적절한 대응을 한다. 그중 많은 것이 재고 문의다. 이때도 단순히 그 상품이 있는지 없는지 검색해서 가르쳐 주는 것이 아니라 재고가 있다면 그 상품과 코디할 수 있는 상품을 제안한다. 품절일 때는 비슷한 상품을 소개하거나 원하는 상품이 고객의 집에서 가까운 매장에 있는지 검색해서 안내한다.

이것은 시마무라도 실시하고 있는 서비스로, 잘나가는 기업은 고객을 위해 최선을 다하는 자세를 보임으로써 충성도 높은 고객을 만들어낸다.

매장에는 월 단위와 일 단위 매출 목표가 있다. 매출은 15분 단위로 확인할 수 있으며, 몇 시 현재 몇 퍼센트가 넘으면 목표를 달성하는지 알려주는 시스템이 구축되어 있다. 목표에 미달될 경우에는 휴식을 늦춘다. 그만큼 목표에 대해서는 철저함을 요구받는다.

경영 이념의 가장 앞부분에 있는 '고객의 요구에 부응하고 고객을 창조하는 경영'은 이렇게 실천되고 있다. 결과는 기존점 매출의 안정이라는 형태로 나타난다. 유니클로 붐을 일으켰던 10년 전과 같은 폭발적인 성장은 없지만 2006년 전후부터 서서히 효과가 나타나기 시작해 이제는 100퍼센트 선을 밑도는 일이 줄어들었고 변동도 크지 않다. V자 성장은 없지만 추락도 없는 현재의 구조는 이렇게 만들어졌다.

스페셜리스트가 철저히 지도한다

 일본의 자동차회사가 계열 공장과 장기간 거래를 계속해 비용을 절감하고 품질 향상을 꾀하듯이, 유니클로도 중국 공장의 '계열화'를 목표로 삼아 왔다. '다쿠미匠'라고 불리는 각 공정의 스페셜리스트 기술 담당자가 일주일에 몇 차례는 반드시 현지의 공장을 찾아가 마치 자사의 공장처럼 지도한다. 구미의 어패럴 업체 기술 담당자는 1년에 한 번 정도 방문하기 때문에 그 차이는 명백할 수밖에 없다.

 그렇다면 패스트 리테일링의 다쿠미 프로젝트는 실제로 어떻게 현장에 반영되고 있을까? 일본인에게 지도받기를 싫어하는 것은 중국인의 본능이다. 중국에 다쿠미 팀이 파견된 것은 2000년 무렵인데, 중국 공장의 종업원들은 일본의 품질 기준이 얼마나 엄격한지 모를 뿐만 아니라 유니클로라는 브랜드조차 알지 못했다. 그래서 낭비와 불량품을 경감시키는 것이 어떻게 비용 절감으로 이어지는지 실제로 보여줬다고 한다.

기술적으로 생산이 어려운 상품은 공장에 맡기지 않고 다쿠미 팀이 옆에서 지도하며 개량을 거듭했다. 다쿠미는 염색과 봉제 등의 숙련 기술자로, 예를 들어 특수한 실을 사용하는 히트텍의 경우는 다쿠미 팀과 생산 공장이 무려 3년에 걸쳐 염색 방법과 방직 방법을 연구했다.

패스트 리테일링과 손을 잡은 결과 다른 회사의 발주가 늘어났다는 중국 기업이 많다. 그 이유는 생산 효율이 높아질 뿐만 아니라 고품질의 상품을 생산할 수 있기 때문이다. 유니클로와 제휴하고 있다는 이유만으로 구미의 업체로부터 주문이 들어올 때도 있다.

다만 패스트 리테일링도 전체의 90퍼센트를 차지하는 중국 일변도에서는 벗어나고 싶어한다. 최근 수년 동안 중국 정부는 일자리를 찾아 고향을 떠난 농민들을 보호하기 위해 감시 강화에 나섰다. 감시 대상은 '임금 미지급', '의료 보험과 양로 보험 미가입', '저임금 또는 미취학 노동자의 배제', '열악한 노동 조건' 등이다.

그 결과 임금이 상승하면서 비용도 같이 상승했다. 또 2007년에는 전국 인민 대표자 회의가 '취업 촉진법'과 '노동 합동계약법'을 통과시켜, 특히 미취학 노동자에 대해 엄격한 규제를 가했다. 패스트 리테일링의 제휴 공장이 그렇다는 것은 아니지만, 바로 몇 년 전까지만 해도 초등학생이 재봉틀 앞에 앉아 작업하는 모습을 어렵지 않게 볼 수 있었다. 가계를 돕기 위해 일하는 아이들이라 낮은 임금에도 불평 없이 성실하게 일하기 때문이었다.

중국에서의 성공 모델을 다른 지역에 이식하는 것은 쉬운 일이 아니다. 3분의 2는 중국에서 생산하고 3분의 1을 베트남과 방글라데시, 미얀마와 같은 신흥 지역에 분산시킨다는 계획이지만, 중국의 수준으로 올리려면 시간이 걸린다.

베트남은 일본 업체에 납품한 실적이 있지만, 지금까지 구미 기업들이 개척해 온 방글라데시는 전무한 실정이다. 방글라데시의 공장에 유니클로 스타일을 침투시키려면 적어도 1~2년은 필요하다. 생산 기지의 이전 문제는 앞으로 유니클로의 성장 노선을 좌우하는 중요한 열쇠가 될 것이다.

지속적인 이익 창출은 '생산 기지 구축'이 중요하다

 지유의 990엔 시리즈는 2009년 3월에 발매되자마자 상식을 깬 가격과 스타일이 좋다는 입소문으로 연간 판매량을 100만 벌로 상향 수정했다. 단골 고객이 많은 상품을 초저가에 내놓을 수 있었던 것은 지금까지 쌓아 온 SPA 체제를 더욱 발전시킨 점을 들 수 있다.

 기획, 제조에서 물류, 판매까지 자사가 일괄적으로 담당함으로써 중간 마진을 없애고 재고 비용을 절감한 것은 종전과 같다. 그 결과가 바로 유니클로 매장에서 판매하는 청바지의 중심 가격 3,990엔이다.

 GU와 유니클로의 차이는 생산지다. 990엔을 실현할 수 있는 공장을 전 세계에서 물색한 결과, 소재는 방글라데시에서 만들고 봉제는 중국보다 임금이 저렴하며 관세가 붙지 않는 캄보디아에서 했다. 소재 조달과 공장의 생산 관리 등은 유니클로의 생산 본부에 위탁했으며, 기획과 디자인은 유니클로의 R&D 디자인부서의 힘을 빌려 상품력을 높였다.

GU는 GOV 리테일링의 산하다. 나카지마 슈이치 사장은 다이에를 거쳐 1994년에 패스트 리테일링에 입사했으며, 1999년에 이사가 되었고 2006년에 GU의 사장으로 취임했다. 그리고 2008년부터 현직에 있다.

GU의 청바지는 고품질을 고집하는 유니클로의 청바지에 비해 낮은 가격을 실현했지만, 품질은 확실히 보증하며 엄격한 테스트를 거쳐 착용감도 배려했다.

방글라데시에서 캄보디아로 바통 터치가 원활하게 이루어질 수 있었던 이유는 청바지라는 단품, 그리고 대량 발주였기 때문이다. 중국 이외의 나라를 중국 정도의 수준으로 끌어올리기란 쉬운 일이 아니다. 그리고 이들 지역은 외자계 브랜드라는 새로운 라이벌의 생산 공장이란 점에서 겹친다.

생산 기지 구축을 서두르지 않으면 늘어나는 판매량을 생산이 따라잡지 못한다. 계열 공장 만들기를 끊임없이 계속하지 않는 한 SPA로서 한계에 부딪친다는 딜레마를 안고 있는 것이다.

PART 5
최대의 과제로 떠오른 후계자 문제

사업의 성패는 상품 자체의 매력도 중요하지만 경영을 담당하는 인재에 따라 결정된다. IT가 발달한 오늘날이라 해도 본사의 눈이 닿지 않는 해외 사업은 더더욱 그렇다. 패스트 리테일링에도 성장 신화를 근본부터 뒤흔들지도 모르는 '사각지대'는 존재한다. 또한 그것은 대부분의 기업이 안고 있는 과제이기도 하다.

'경영자가 없는 기업은 망한다'
– 유니클로는 괜찮은가?

이제 패스트 리테일링의 사업은 유니클로 하나가 아니다. 990엔 청바지 등 저가 의류가 중심인 '지유', '캐빈 Cabin' 등을 포함해 여성용과 아동용 등 범주별로 브랜드 폭을 넓히고 패스트 리테일링이 지주회사로서 전략 구축과 그룹 운영을 맡는 형식이다.

야나이는 현재 지주회사인 패스트 리테일링과 자회사 유니클로의 CEO최고 경영 책임자와 회장, 사장을 겸하고 있다. 여기에 집행 임원으로서 상품 본부를 장악하고 각종 상품의 디자인과 가격을 감독하고 있다. 이렇게 많은 일을 하면서도 집중력을 유지하는 강인한 체력은 놀라울 따름이다.

2007년의 '바니즈 뉴욕Barneys New York' 매수는 성공하지 못했지만 지금까지의 M&A 전략은 매우 절묘했으며, 앞으로 해외 브랜드 매수를 통해 세계 진출을 단숨에 확대시킬 기회를 노리고 있다.

이미 주 무대를 국내에서 해외로 옮겨 2009년 4월에는 싱가포르에 진출했으며, 순조로운 출발을 보임에 따라 대형점의 진출도 계획하고 있다. 이어서 상하이와 베이징, 홍콩에 '글로벌 기함점'이라고 부르는 대형점을 계획하고 있다.

앞으로는 타이와 말레이시아, 베트남, 인도네시아, 필리핀 등 아시아 지역에 연간 100매장씩 진출하는 동시에 러시아와 오스트레일리아 등지에도 진출해 국내와 해외 매출액을 향후 4년 간 거의 같은 수준으로 맞추고 그 뒤에는 매출액의 비중을 역전시킨다는 야심찬 시나리오를 만들었다. 순조롭게 진행된다면 '유니클로 왕국' 건설은 확실해 보이며, '일본 최초로 세계에서 통하는 소매업'이 실현될지 모른다는 기대감이 높아지고 있다.

사업의 성패는 상품 자체의 매력도 중요하지만 경영을 담당하는 인재에 따라 결정된다. IT가 발달한 오늘날이라 해도 본사의 눈이 닿지 않는 해외 사업은 더더욱 그렇다. 패스트 리테일링에도 성장 신화를 근본부터 뒤흔들지도 모르는 '사각지대'는 존재한다. 또한 그것은 대부분의 기업이 안고 있는 과제이기도 하다.

야나이 사장이 회장을 겸하고 있다는 사실에서도 알 수 있듯이 패스트 리테일링은 원맨 경영의 색채가 강한 탓에 경영진에 참가했던 유능한 인재들이 차례차례 회사를 그만뒀다. 다마쓰카 사장을 필두로, 경영의 중추에 있었던 이토추 상사 출신의 다와다 다카시와 모리타 마사토시도 얼마 되지 않아 회사와 결별했다.

또 2007년에는 매킨지사 McKinsey & Company 에서 입사해 미국 법인 대표를 역임한 도마에 노부오가 '개인적인 이유'로 회사를 떠나는 등 경영진에 이름을 올렸던 사람들의 잇따른 사임은 그때마다 파문을 일으켰다.

도마에가 회사를 그만둠으로써 1990년대 후반에 외부에서 패스트 리테일링으로 영입되어 젊은 임원으로 급성장했던 인재들은 모두 회사를 떠났다.

패스트 리테일링의 실력주의는 이 정도로 끝나지 않는다. 실적 호조가 명확해진 2008년 말, 관리 담당 집행 위원 전원에게 강등 인사가 통보되었다. 자리를 계속 유지할 수 있으리라 낙관하던 임원들에게는 날벼락과 같은 소식이었다. 그들 중에는 강등을 받아들여 부장으로 회사에 남은 사람도 있었고 사표를 던진 사람도 있었다.

2008년 11월에 패스트 리테일링이 공표한 집행 임원 목록과 2009년 4월 목록을 비교해 보면 불과 5개월 사이에 7명의 임원 이름이 사라졌다. 물론 그들 중에는 개인 사정으로 퇴직한 임원도 포함되어 있지만, 그것을 감안해도 이 회사의 실력주의와 평가주의가 얼마나 심한지 여실히 드러내고 있다.

야나이는 집행 임원에 대해 1년 단위로 위임 계약을 맺고 임무를 달성하면 거액의 보수를 주는 '위임형 집행 임원 제도'를 도입해 임원들에게 경영자 마인드를 심어주려고 했다. 임무를 달성하지 못하면 강등당하는 수밖에 없다. 사실 이것은 눈 뜬 사람의 코도 베어간다는 유통 업계에서는 일상다반사로 볼 수 있으며, 딱히 패스트 리테일링이 심한 것은 아니다.

그러나 어쨌든 2009년 2월에는 일본 제너럴 일렉트릭의 부사장을 역임하고 패스트 리테일링에 입사한 변호사 마쓰시타 다다시 이사가 회사를 떠나면서 사내 이사는 야나이 혼자 남게 되었다.

"패스트 리테일링을 떠난 간부들은 모두 신사들이라 진상을 밝히지 않았지만, 그들이 회사를 떠난 이유 중 하나가 '원맨 체제에 대한 불만'이었음은 분명하다. 사실 야나이의 실체는 '벌거벗은 임금님'에 한없이 가까운데, 오너라고 무슨 일에든 참견한다면 누구나 '도저히 못해먹겠다.'고 생각하지 않겠는가?" 경제지 기자

인재의 빠른 교체. 단순히 기업의 신진대사라고 한다면 그뿐일지도 모르지만, 야나이=오다 노부나가 織田信長, 1534~1582 설도 묘한 설득력이 있다.

그런 실정이 간간이 드러난다면 시장이 패스트 리테일링의 미래를 회의적으로 바라보게 되는 것도 무리는 아니다. 실질 창업자인 야나이의 후계자가 아직까지 없는 현재 상황에서는 주식 시장에서 "야나이 사장이 물러난 뒤에도 유니클로는 성장을 계속할 수 있을까?"라는 불안의 목소리가 당연히 흘러나올 수밖에 없다.

빠져 죽기 싫으면 발버둥쳐라

야나이는 2009년에 미국의 경제지 『포브스 The Forbes』 아시아판에서 '일본의 부자 1위'로 발표되었듯이 이미 세계적인 유명 인사가 되었다.

"과거에는 재고 관리에 실패해 대량의 재고를 할인 판매한 결과 감익 결산을 할 수밖에 없었던 쓰디쓴 경험도 했다. 그래도 현재는 호조니 다행이지만, 이러다가 또 상황이 어려워지면 이번에는 누구를 희생양으로 삼아서 위기를 넘길지 궁금하다." 업계 관계자이처럼 아직은 질투의 목소리도 들린다. 야나이는 항상 성장을 바라며 개혁을 계속해 왔다. 가만히 멈춰서 있는 것은 절대로 용납하지 않는다. 과거에 야나이는 절반쯤 자계自戒의 의미를 담아 이런 유명한 말을 남겼다.

"헤엄치지 못하는 자는 가라앉으면 그만이다."

이것은 능력이 없으면 죽어라는 뜻이 아니다. "어려움에 부딪쳤을 때는 열심히 발버둥쳐라. 그러면 헤엄칠 수 있게 될 것이다."라는 훈계다.

패스트 리테일링의 문제점은 강력한 원맨 체제만이 아니다. '야나이 회장 겸 사장'의 존재가 너무나 크다는 점도 있다. 야나이는 2007년 말부터 상품 본부장도 겸임하고 있다. 직접 상품 하나하나를 검토하고 전단지까지 살펴본다.

60세라 아직은 경영자로서 힘을 발휘할 수 있지만 앞으로 4~5년 후에는 후계자와 교대를 해야 한다. 65세가 되면 경영 일선에서 은퇴하겠다고 선언했지만, 세습을 부정하기 때문에 두 아들에게 경영을 양보할 생각은 없어 보인다.

실질적인 창업자이며 중흥의 시조이기도 한 야나이를 뛰어넘는 후계자가 나타날 가능성은 매우 낮다. 외부에서 스카우트를 한다 해도 어패럴산업에서는 현장을 모르면 다마쓰카의 전철을 밟을 우려가 있기 때문이다.

패스트 리테일링의 기존점 매출액을 되돌아보면 야나이의 원맨 파워가 얼마나 소비자의 마음을 움직여 왔는지 알 수 있다.

• 1999년 9월 – 전기 대비 132.8퍼센트
• 2000년 9월 – 전기 대비 231.2퍼센트

플리스 열풍이 불던 2000년 전후의 놀라운 성장세를 이끈 주역으로서 사업 확대에 주력해 급성장을 견인한 야나이. 그러나 이윽고 열풍은 자취를 감추듯 사라졌고, 매출액은 2003년 8월기에 3,098억 엔까지 곤두박질쳤다. 야나이는 다음과 같이 말하며 조금도 동요하지 않았다.

"경기와 날씨는 사람의 힘으로 어떻게 할 수 있는 것이 아니다. 경기가 나빠서 팔리지 않는다는 변명은 곧 '저는 경영자로서 실격이다.' 라는 말과 같다."

그러나 천하의 야나이도 동요했던 적이 있다. 경영 스타일이 몇 차례의 전환기를 맞이한 것이다. 첫 번째는 다마쓰카 전 사장의 경우로, '후계자 한 명에게 모든 것을 맡기는' 스타일이다. 다마쓰카와 바통 터치를 한 2002년, 야나이는 53세였으며 다마쓰카는 39세였다. 당시 야나이는 다음과 같이 말하며 자랑스럽게 세대교체를 선언했다.

"산업계에서 젊은 인재의 발탁 인사가 조금씩 진행되고 있는 것은 기쁜 일이다. 그들이 성공하지 않으면 평생 현역을 외치는 고령의 경영자들이 계속 자리에 눌러앉게 된다."

그러나 약 2년이 지난 2005년 7월에는 다마쓰카가 사임하고 야나이가 사장 복귀를 발표했다.

"회장이 사장을 겸하는 것은 비정상적이지만 어쩔 수 없다. 2010년에 매출액 1조 엔을 달성한다는 목표로부터 역산을 하면 시간이 없다."

후계자에게 경영을 맡긴다는 최초의 발상은 이렇게 좌절되었다.

야나이는 가족 경영을 매우 비판적으로 바라본다. 사생활에 대해서도 거의 이야기하지 않는다. 부인과 아들 등 가족이 표면에 나서는 일은 일체 없다. 아들이 중학교 야구부에 있을 때 "그런 구태의연한 곳에서 그만 나오거라." 했다는 이야기 정도가 전해질뿐이다. 이 말은 위에서 내리는 명령을 따르기만 하는 군대 같은 곳에 몸담지 말라는 의미일 것이다.

경영자 육성을 위한 체제 구축에 착수하다!

사실 일본 기업에는 가족 경영이 적지 않다. 적어도 세계에 이름이 알려진 기업은 가족 경영 또는 창업자가 회사를 일으켰다. 그 후 창업자가 은퇴하면 세 명 정도의 팀이 경영의 키잡이를 담당하며, 그 밑으로 수십 명의 경영 간부가 있어서 팀워크로 경영을 하는 경우가 많다. 패스트 리테일링은 아마도 야나이 이후 이런 사례를 따르게 되지 않을까 생각된다.

일본의 대표적인 가족 기업으로는 도요타 자동차가 있으며, 우수한 사위를 후계자로 앉혀 온 가시마 건설이 있다. 스즈키도 사위가 역대 사장을 역임했다. 비상장 기업 중에는 산토리와 다케나카 공무점이라는 가족 기업이 있다. 모두 역사와 실적에서 손색이 없는 기업들이다.

한편으로 야나이는 원맨 경영의 폐해도 잘 알고 있다. 그래서 마쓰시타 다다시를 "세계와 싸우는 조직을 만들고 싶다."며 초빙했다. 마쓰시타는 패스트 리테일링을 순수 지주회사화하는 등 기업 통치 체제 강화에 힘을 쏟았다. 이때 도입한 것이 '위임형 집행 임원제도' 다. 경영 스타일의 두 번째 변화는 이 시기에 나타났다. 의지대로 변화를 주고 싶어도 인내하면서 현장의 목소리를 듣는 자세로 변신한 것이다.

그러나 2008~2009년에 걸쳐 다시 상명하달식 경영 스타일로 바뀌었다.

- 현장에서 일을 철저히 하기 위해서는 사장이 그 중심에 있어야 한다.
- 현장에서 해야 할 일을 실행하고 있는지 작은 부분까지 전부 살펴본다.

'경영은 내가 진두지휘한다.' 라는 세 번째 변화가 찾아온 것이다. 한때는 후계자에게 자리를 물려줬지만 다시 일선으로 복귀해 비판받을 각오를 하고 경영의 고삐를 쥐는

길을 선택했다. 이것은 '야나이의 클론'을 만드는 것은 불가능하다는 '체념'으로도 보인다.

그러나 65세에 은퇴한다고 선언한 이상, 앞으로 남은 기간은 5년이다. 그 시점에는 후임 경영자를 선택해야 한다. 과연 그 후보는 누구일까?

경영 간부는 점장 출신자 중에서 발탁하겠다는 의사를 야나이가 내비쳤는데, 이 말대로라면 유니클로가 급성장을 시작한 뒤에 채용한 대졸 사원으로 현재 SS 중에서 선택하겠다는 의미로 해석된다. 현재 30대 중반의 직원들은 5년 뒤에는 다마쓰카 전 사장이 취임했을 때와 같은 40세 전후가 된다.

유니클로 점장의 목표는 직원 프랜차이즈제도 아래서 자신이 오너가 되어 '유니클로 사업'을 하는 것이다. 영업 시스템과 숫자의 이해도가 경영자 수준에 이를 것이 요구된다. 그리고 S슈퍼 점장나 SS슈퍼스타 점장가 되면 패스트 리테일링의 임원이나 프랜차이즈 운영 중에서 선택할 수 있다. 경영자 예비 훈련은 충분히 받고 있기 때문에 어느 쪽을 선택하든 큰 실패는 하지 않는다.

패스트 리테일링은 2008년, 'FAST RETAILING WAY FR 그룹 기업 이념'를 정하고 그룹의 이념 공유화를 추진했다. 또 그와 동시에 간부와 후계자 육성을 목적으로 비즈니스 스쿨

FRMIC_{FR Management and Innovation Center}를 개설해 야나이를 계승할 분신을 육성하는 체제를 구축했다. 히토쓰바시 대학, 미국 하버드 비즈니스 스쿨 등과 제휴해 국적을 불문하고 5년 사이에 200명의 경영 간부를 육성하는 것이 그 목표다.

FRMIC는 해외 사업의 확대로 경영 간부를 대량 육성할 필요성이 생김에 따라 설립되었다. 2010년 이후 미국과 일본, 중국에 전문 교육 기관을 차례대로 설치해 사내 외에서 선발한 30~40대 인재를 3~5년에 걸쳐 육성하고 해외 현지 법인 등의 경영을 맡긴다. 이는 해외 매출액이 국내 매출액을 역전시킨다는 예측에 따른 것이다. '내수형'이던 패스트 리테일링이 글로벌 기업 지향을 향한 인재 육성을 본격화한 것이다.

야나이가 기업의 조직론 중심에 놓은 것이 바로 종신 고용제도다. 이는 지극히 일본적인 제도다. 종신 고용 지속을 위한 대전제는 기업의 계속적인 성장에 있다. 성장하지 않으면 망한다는 야나이의 생각이 반영되어 있다.

'경영은 스포츠와 같다. 경영자에게 운동장을 주고 실천을 통해 학습과 연습을 반복하면 몸에 익히게 된다.'

이것은 야나이의 경영론이다.

현재 패스트 리테일링의 과제로 다음의 세 가지를 들 수 있다.

- 세계화
- 그룹화
- 재再벤처화

이 중에서 '재벤처화'는 '창업가의 정신으로 벤처 기업을 경영한다는 생각으로 일하라'는, 말하자면 직원들에 대한 채찍질이다. 이렇듯 직원과 간부 교육에 힘을 쏟는 야나이지만, 마음에 드는 후계자를 발견하는 일은 쉬운 일이 아니다.

"유니클로가 이렇게 성장할 수 있었던 것은 유행 등 변화가 빠른 어패럴 업계 속에서 야나이 사장이 빠르게 결단을 내리며 시장에 대응해 왔기 때문이다. 그것은 사장이 카리스마있는 경영자이면서 창업자이기에 가능한 일이었다. 인재 육성 프로그램으로 참모는 만들 수 있지만 후계자를 키우기란 쉽지 않다. 외부에서 초빙하려 해도, 과거에 9연속 우승을 달성한 이후의 요미우리 자이언츠 감독이 되는 형

국이어서 승낙할 사람이 있을지 의문이다. 야나이가 사내에서 지명해도 손사래를 칠지 모르는 상황이다." 경제 전문가

처음부터 가족 경영을 배제한 혼다나 최종적으로 유능한 인재를 후계자로 선택한 닌텐도 등 가족 경영의 단점을 없애 성공한 기업도 많다. 패스트 리테일링도 이 길을 택할 것인가?

후계자를 모색할 제한 시간

 물류 업계에 군림했던 백화점은 이제 영향력을 크게 잃었다. 4대 백화점의 시가 총액을 모두 합쳐도 패스트 리테일링의 시가 총액에 미치지 못한다. 그러나 '화무십일홍'이라는 말이 있듯이, 나는 새도 떨어뜨릴 것 같은 유니클로의 기세도 영원히 지속된다는 보장은 없다. 부침이 심한 어패럴 업계에서는 더더욱 그렇다.

 패스트 리테일링은 최근 10년 동안 매출액이 무려 600퍼센트 이상 성장했다. 때로는 필요한 인재들을 선발했고, 그중 다수가 패스트 리테일링을 떠났다. 한편 패스트 리테일링에서 사회인으로 첫발을 내디딘 젊은이들은 야나이 방식을 철저히 주입 받았고, 그런 사원들 중에서 간부급 인재가 성장하기 시작했다.

야나이는 외부에서 경영자를 초빙할 가능성을 지금도 부정하지 않지만, 조건으로 "유니클로의 사상을 100퍼센트 이해하는 사람"이라고 못 박았다.

어려운 요구지만 이를 위해 먼저 사업 전체에 일관되게 흐르는 '유니클로류流'를 연령과 성별에 관계없이 몸에 익혀야 한다. 또한 누구나 보편적으로 이용할 수 있는 고품질의 양복을 지속적으로 저렴하게 공급하기 위해 원리 원칙에 충실해야 한다.

역설적으로 말하면, 그렇기 때문에 창업자의 감성이나 센스에 의존하는 패션산업이라는 업태를 버리고 '시스템'으로 고품질·저가격의 상품을 만들어내는 일본적인 제조업에서 유니클로의 미래를 발견한 것인지도 모른다.

패스트 리테일링을 도요타 자동차에 비유하기도 한다. 도요타는 도요타 사키치1867~1930와 도요타 기이치로1894~1952가 사망한 뒤에도 그 정신이 계속 이어져 '도요타식'으로 세계를 석권했다.

유니클로는 야나이가 65세에 은퇴한 후에도 계속 성장할 수 있을까? 도요타가 고성능이면서 저렴한 자동차를 양산했듯이, 유니클로도 고기능에 저가격이라는 장점을 해외에

인지시킬 수 있을까?

도요타와 도쿠가와 막부의 기원은 아이치 현 미카와 지방인데, 권력 승계 방식도 비슷했다. 도쿠가와 이에야스德川家康, 1543~1616는 쇼군將軍 가문 이외에 고산케御三家; 오와리, 기슈, 미토 가문와 고산쿄御三卿; 다야스, 히토쓰바시, 시미즈 가문를 만들어 쇼군 가문의 직계가 끊어졌을 때 후계자를 배출하는 역할을 맡겼다.

이것은 혈통을 지키는 지혜인 동시에, 가족 중에 항상 쇼군 후보를 4~5명 정도 둬서 서로 경쟁하는 제왕 경쟁의 원리를 낳았다. 또 다이묘大名를 도쿠가와 쇼군 가문과의 관계에 따라 신판親藩; 도쿠가와 가문의 직계 일문과 분가과 후다이譜代; 세키가하라 전투 이전부터 도쿠가와 가문을 섬기던 다이묘, 도자마外樣; 세키가하라 전투 이후에 도쿠가와 가문을 섬긴 다이묘로 나누고, 도쿠가와의 정신을 계승하고 있는 신판과 후다이 다이묘 중에서 로쥬老中; 막부의 정무를 담당하는 최고 책임자—옮긴이 등의 막료를 선발해 참모와 보좌로 임용했다.

이러한 도쿠가와의 방식처럼 본가에 후계자가 없으면 분가고산케에서 배출하고, 창업 당시부터 함께 한 사람신판, 후다이을 숭용하며, 유능한 회사원도자마을 효과적으로 활용해 번영을 이룩한 회사가 바로 도요타다.

도요타 가문에는 도요타 사키지의 직계와 그의 동생 헤이키치의 방계가 있다. 현 명예 회장인 도요타 쇼이치로와 전 부회장인 도요타 다쓰로, 사장인 도요타 아키오는 전자이며, 현 최고 고문인 도요타 에이지는 후자다. 도요타 가문에 적절한 후계자가 보이지 않자 도자마인 오쿠다 히로시奧田碩, 현 상담역와 조 후지오張富士夫, 현 회장, 와타나베 가쓰아키渡?捷昭, 현 부회장에게 경영을 맡기고 그 사이에 직계인 아키오를 키워 경영권을 넘겼다.

유니클로는 세습을 부정하기 때문에 이것은 어니까지나 야나이주의를 계승해 나갈 시스템을 도쿠가와 막부 체제와 도요타 자동차에 대입해 본 것이지만, 만약 유니클로가 후계자를 찾는 데 실패한다면 어떻게 될까? 한 전문가는 이렇게 말했다.

"카리스마 경영자였던 나카우치 이사오1922~2005가 사망한 뒤의 다이에처럼 경영이 불안정해질 가능성이 있다. 나카우치는 부친이 건강했을 때 아들을 후계자로 만들려고 애썼던 것이 문제였다. 여기에 부동산 투자도 막대한 부채로 남아 경영을 압박했다. 하지만 패스트 리테일링은 그 어느 쪽에도 해당되지 않는다. 따라서 다이에처럼 비참한 말로를 걷지는 않을 것이다."

UNIQLO
PART 6
매출액 5조 엔의 글로벌 전략

"지금은 '하루하루가 위기'인 시대다. 최신 정보를 가지고 있는 현장에서 그때그때 관계자와 협의하면서 즉시 결단을 내리지 않으면 일이 진행되지 않아 매출을 올릴 수 없다."

세계를 놀라게 한 GAP 매각설

2006년 말, 세계 최대의 의류 제조·소매기업인 GAP이 골드만삭스 그룹Goldman Sachs Group과 사업 재구축을 위한 어드바이저리 계약을 맺었다는 보도가 미국 언론을 통해 일본에 전해졌다.

야나이는 2006년 8월기 결산 발표회2006년 10월에서 "금년도2007년는 글로벌 원년, 세계에서 인정받는 해로 삼고 싶다."고 역설했다. 이것의 실현 여부를 좌우할 분수령이 바로 미국 진출이었다.

GAP과 골드만삭스는 어드바이저리 계약에 관해 공식적인 논평을 발표하지 않았지만, GAP의 오너 일가가 보유한

약 30퍼센트의 주식을 포기하는 것이 아니냐는 관측이 흘러 나왔다. 실제로 GAP이 회사를 넘기기로 결단했다는 매스컴 보도 후 주가가 약 8퍼센트 급등했다.

이러한 관측이 나오게 된 배경에는 GAP의 실적 부진이 무엇보다 우선한다. 2006년 12월, GAP이 판매하는 'GAP'과 '올드네이비OLD NAVY', '바나나 리퍼블릭Banana Republic'의 전 세계 기존점 매출액은 전년 대비 8퍼센트 감소했다. 이것은 3기 연속으로 전년의 수치를 밑돈 '매우 유감스러운 결과'였다.

한편 동업의 리미티드 그룹은 4퍼센트 증가했다. 미국 소매 업계에 가장 중요한 크리스마스 시즌 후였던 만큼, GAP의 부진은 심각하게 받아들여졌다. 당시 GAP의 시가총액은 약 2조 엔으로, 만약 매각된다면 브랜드별로 해체될 것이라는 전망도 나왔다.

당시 매각처의 필두에 올랐던 것이 바로 패스트 리테일링이었다. 패스트 리테일링은 '2010년 그룹 매출액 1조 엔 달성'을 목표로 내걸었고, 그중 약 3,000억 엔을 M&A와 저가격대 신브랜드 '지유'를 통해 달성한다는 계획을 발표했다. 그러나 GU가 2007년 1월 11일에 당기 실적을 하향 수정할 정도로 불안한 출발을 보임에 따라 1조 엔 달성을 위한 M&A의 중요성은 나날이 높아졌다. 여기에 야나이도

"적극적으로 M&A를 시도하겠다."라고 발표하는 등, 유니클로의 GAP 매수는 현실성을 더해 갔다.

"GAP의 고가격대 브랜드인 바나나 리퍼블릭의 2005년 매출액은 약 2,600억 엔으로, 고급품 영역을 새로이 개척하려는 패스트 리테일링의 전략에 안성맞춤이었다. 당시 본격적으로 미국 진출을 시작한 패스트 리테일링은 매장 물건 정보의 취득과 진출 교섭 등의 능력이 뛰어난 인재를 간절히 원했고, 그런 의미에서도 바나나 리퍼블릭은 적합한 목표였다." 어패럴 담당 기자

야나이가 기업 매수에 나설 것으로 예상됐지만 결국은 움직이지 않았다. GAP 주식의 방출설은 주가 상승을 노린 골드만삭스의 작전이었기 때문이다.

M&A 전략

패스트 리테일링이 대형 인수합병을 통해 역전을 노렸던 것은 사실이다. 2007년 7월에 미국의 고급 의류 전문점인 바니즈 뉴욕의 인수를 1,100억 엔에 제안했다고 발표한 것이다.

패스트 리테일링이 풍부한 자금을 바탕으로 인수합병을 통해 그룹을 확대해 왔다고는 하나 1,100억 엔은 상당한 금액이다. 그러나 경영 부진에 처해 있지만 고급스러운 느낌을 그대로 가진 바니즈를 인수한다면 유니클로의 이미지 상승은 물론이며, 고급 부티크 거리에 자사의 브랜드로 매장을 내는 것보다 훨씬 효과적이었다. 참고로 바니즈 매장은 일본에 세 곳이 있는데, 법인이 다르기 때문에 매수 대상에는 들어가지 않았다.

그러나 투자자들이 빅뉴스에 찬물을 끼얹었다. 패스트리테일링은 바니즈 인수를 발표한 직후인 7월 12일에 2007년 8월기 결산을 하향 수정했다. 이것은 같은 기에 들어서 벌써 세 번째 하향 수정이었기 때문에 투자자들의 실망 매도가 이어지며 주가가 폭락했다.

주가 하락은 멈추지 않았고, 7월 18일에는 한때 7,250엔으로 연초 이래 최저가를 갱신하기도 했다. 시장은 바니즈 매수를 야나이의 '허풍'으로 봤으나 일각에서는 현실성에 대해 우려하는 목소리도 많았다.

바니즈의 모회사인 존스 어패럴 그룹Jones Apparel Group은 2007년 6월 22일에 바니즈의 모든 주식을 아랍 에미리트 연합UAE의 두바이 정부가 출자하는 투자 펀드 '이스티스마르Istithmar'에 약 1,000억 엔에 매각하는 데 합의했다.

그런데 이 합의에는 같은 해 7월 22일까지 제삼자의 인수 제안을 들어본다는 조항이 명기되어 있었다. 여기에 주목한 야나이가 고액의 인수 가격을 제시함으로써 '일발역전'을 노렸던 것이다.

야나이는 UAE 정부계 펀드와 존스 어패럴 그룹이 교환한 합의서의 한 항목에 주목했다. 양자의 합의를 파기하고 제삼자에 매각할 때는 위약금을 지불해야 했다. 그 금액은 7월 22일까지는 약 25억 엔, 그 이후는 약 28억 엔이었다. 그래서 위약금을 지급하더라도 더 많은 금액을 손에 넣을 수 있는 1,100억 엔을 존스 어패럴 그룹에 제안한 것이다.

그러나 UAE의 정부계 펀드로서는 일단 합의한 안건을 역사도 일천한 일본 기업에 빼앗긴다면 그보다 더한 굴욕이 있을 수 없었다. 그래서 풍부한 오일 머니를 무기로 매수 가격을 올렸다. 이에 대해 시장에서는 '만약 매수 경쟁으로 발전한다면 자금력에서 밀리는 패스트 리테일링이 이길 수가 없다. 설령 이긴다 하더라도 가격이 지나치게 높아질 수밖에 없기 때문에 이익이 되지 않는다.'라는 냉정한 관측도 흘러나왔다.

그러나 '2010년에 매출액 1조 엔'을 내건 패스트 리테일링으로서는 목표 달성을 위해 무슨 일이 있어도 바니즈 매수를 성사시켜야 했다. 여기에는 설령 매수 경쟁에서 지더라도 시장의 호감을 사서 주가는 오를 것이라는 계산도 숨어 있었다. 따라서 그때까지 국내외에서 적극적인 M&A 전략을 펼쳤으며, 바니즈 매수에 뛰어든 것도 그 일환이었다.

2006년 가을에 뉴욕에 기함점을 열었다고는 하나, 당시 미국 내 매장은 4개밖에 없었다. 캐주얼 의류의 경쟁이 치열한 미국에서 단기간에 지명도와 매출을 높인다는 것은 쉬운 일이 아니다. 또한 런던의 진출 속도를 높이고 당시 11매장 파리에도 매장을 늘린다는 계획도 있었다.

따라서 '세계 빅3'를 목표로 하는 야나이가 '고급화'와 '해외 진출'의 속도를 높이기 위해 미국에서의 사업 기반 확대를 노리고 바니즈 매수를 시도한 것도 무리는 아니었다.

그러나 이미 도장을 찍은 UAE의 정부계 펀드가 쉽게 물러날 리는 없었다. 게다가 상황에 따라서는 자금력이 앞서는 제삼자가 쟁탈전에 끼어 들 가능성도 있었다. 시장은 교섭 기한인 2007년 8월 11일까지의 상황 전개에 촉각을 곤두세웠다.

 **물거품이 된 바니즈 매수**

관계자들의 뇌리에 석연찮은 점이 또 하나 있었다. 바니즈 매수에 성공했다 하더라도 연결 매출액 1조 엔 달성과는 거리가 멀었던 것이다. 패스트 리테일링과 바니즈의 2007년 8월기 매출액을 합쳐도 실제로는 6,000억 엔이 조금 넘을 뿐, 야나이의 원대한 구상을 실현하기에는 아직 갈 길이 멀었다.

패스트 리테일링은 2003년에 '시오리'에 자본 참여를 실시한 이래 프랑스의 여성복 브랜드인 '꼼뜨와 데 꼬또니에 Comptoir des Cotonniers'와 이탈리아의 고급 의류 브랜드 '아스페지 ASPESI', 프랑스의 속옷 브랜드 '프린세스 탐탐

Princesse TamTam'을 차례로 매수했다.

또 이 사이에 자국에서는 신발 소매점인 '원존Onezone'과 여성복 '캐빈'을 매수했다. 여기에 쏟아 부은 금액은 모두 600억 엔에 이른다.

그러나 2006년 10월에 문을 연 저가 브랜드 '지유'의 출발이 순조롭지 못했고 '원존'도 수익이 악화되는 등 유니클로 이외의 국내 사업은 고전을 면치 못했다. 이에 따라 2007년 8월기 결산은 상장 기업의 굴욕이라고 할 수 있는 하향 수정에 연이은 하향 수정을 할 수밖에 없었다.

2007년 중에 호조였던 것은 '꼼뜨와 데 꼬또니에' 정도였다. 그밖에는 모두 유니클로의 발목을 잡았다. 야나이의 진두지휘로 과감한 M&A를 실시해 수익을 확대하겠다는 전략은 보기 좋게 빗나갔다.

패스트 리테일링은 매출액의 80퍼센트 이상을 일본 국내의 유니클로 사업에서 벌어들이고 있었다. 이 구조는 당시나 지금이나 그다지 변동이 없다. 이러한 비정상적인 수익 구조를 빨리 개선하고 싶은 마음은 앞서겠지만 쉽게 해결할 수 있는 문제가 아니다.

결국 바니즈 매수는 실패했지만, 야나이는 "우리가 잃은 것은 하나도 없다."며 조금도 개의치 않았다. "패스트 리테일링은 결국 바니즈의 매각 가격 올리기에 이용당했을 뿐"

이라는 목소리도 "마음껏 떠들어라"는 한 마디로 일축했으며, 오히려 "이번의 실패로 브랜드 인지도는 높아졌다."고 단언했다. 이렇게 자신만만한 태도를 보일 수 있는 배경은 세계 시장에 진출할 수 있을 만큼의 인재를 획득했다는 자신감에 있다.

2005년에는 미국의 고급 백화점 '버그도프 굿맨Bergdorf Goodman'에서 상품 총괄 부장을 맡았던 가쓰타 유키히로 집행 임원을 비롯해 바니즈와 프라다 출신들이 입사했고, M&A 전략을 위해 골드만삭스 증권에 있다가 히토쓰바시 대학의 객원 교수가 된 핫토리 노부미치를 사외 이사로 초빙했다.

바니즈 매수 실패의 여파가 남아 있던 2007년 9월 4일, 야나이 사장은 '패스트 리테일링의 사업 전략―최근 1년간의 성과와 향후 전망'을 발표했다. 이 자리에서 프랑스 진출을 표명한 야나이는 세계의 유니클로, 글로벌 기업 유니클로라는 말을 여러 번 언급했다. 뉴욕과 런던, 나아가 상하이와 홍콩, 한국 등 해외 진출을 가속화하는 가운데 2007년에는 파리 1호점안테나숍을 열고 그 후 기함점을 진출시킬 계획이었다.

해외 유니클로 사업 실적을 살펴보면, 2007년 8월기의 미국 매출액은 약 34억 엔이었으며 영업 이익은 13억

6,000만 엔의 적자였다. 영국에서는 44억 엔의 매출을 기록했지만 역시 4억 2,000만 엔의 적자를 기록했다. 한편 중국과 홍콩, 한국에서는 영업 이익을 확보했다. 이 무렵부터 야나이는 아시아 중시 전략을 구체화했다.

"진출 초기에는 당연히 초기 투자비가 들어가기 때문에 적자를 보더라도 어쩔 수 없지만, 문제는 그 이후다. 프랑스에 진출함에 따라 파리와 런던, 뉴욕, 도쿄라는 세계 4대 도시에 모두 진출하게 되었지만, 문제는 '단순히 진출했을 뿐'이라는 점이다. 세계 진출이나 M&A 공세도 좋지만, 무엇보다 유니클로를 세계적인 브랜드로 성장시키는 게 우선되어야 한다." 유통 전문가

야나이는 두 마리 토끼를 쫓았다. 즉 유니클로의 세계적 브랜드화와 매출액 1조 엔의 달성이다. 이 둘은 떼려야 뗄 수 없는 관계일지도 모르지만, 두 마리 토끼를 쫓는 것은 지나친 욕심이 아니냐는 우려도 있었다. 그리고 그 우려는 현실이 되었다.

"런던에서의 실패는 패스트 리테일링의 체질이 세계화에 걸맞게 바뀌지 못했고, 현장 직원과 판매원 교육을 제대로

하지 않은 채 의욕만 앞세워 진출했기 때문이다."

2007년의 글로벌화는 실패로 끝났다. 지금은 중국홍콩을 포함과 한국, 미국, 영국, 프랑스 5개국에서 64개 매장을 운영하고 있다. 2010년 봄에는 싱가포르 진출도 계획하고 있으며, 8월에는 해외 매장을 93개로 확장하는 등 글로벌화를 진행하고 있다.

해외 유니클로 사업의 영업 손익은 2008년 8월기에 처음으로 흑자 전환에 성공했으며, 2009년 8월기에는 2기 연속 흑자를 목표로 세울 만큼 느리지만 착실히 회복되어 왔다.

그리고 현금을 가진 자가 유리한 시대가 찾아왔다. 세계적으로 주가가 하락하고 있는 지금이야말로 대형 M&A를 시도할 최대의 기회다. 두바이 정부의 재정난으로 바니즈 주식이 다시 시장에 나올 가능성도 있다.

"지금은 수십 년에 한 번 올까 말까 한 최적의 투자 시기다. 시장 가격은 낮으며 게다가 엔화는 강세다. 하지만 살 만한 게 없다."

이렇게 말하는 야나이지만, 그 어느 때보다 매수 의욕이 강한 것만큼은 틀림없다.

목표까지 남은 거리를 측정하라

 패스트 리테일링은 2020년에 매출액 5조 엔, 영업 이익 1조 엔을 달성한다는 장대한 경영 목표를 세웠다. 매출액 5조 엔은 2009년 8월기의 7배가 넘는 수치로, 만약 실현된다면 이온이나 세븐&아이 홀딩스와 어깨를 나란히 하는 규모가 된다.

 일본의 의류 시장은 약 10조 엔 규모다. 패스트 리테일링의 연결 매출액은 대략 7,000억 엔이므로 점유율로 따지면 7퍼센트에 불과하다. 세계적으로 본다면 아마 1퍼센트도 되지 않을 것이다. 당장은 국내 점유율 20퍼센트 돌파를 목표로 삼고 있는데, 이것도 2조 엔에 이른다.

매장 개점에 관해서는 국내외에서 순풍이 불고 있다. 불황으로 도심지에 빈 상가가 늘어나 단숨에 매장 확대 전략을 가속화했다. 그 전형적인 예가 2009년 4월 말에 가전 양판점이 있던 자리에 문을 연 신주쿠 서쪽 출구점이다.

2009년 10월에는 고급 신사복 전문점이 있던 자리를 이용해 긴자점의 규모를 기존보다 50퍼센트 확장했으며, 나고야에서도 가전 양판점이 있던 자리에 대형점을 오픈했다. 해외도 마찬가지로, 대도시 중심가에 빈 매장이 많아서 선택 폭이 넓어졌다.

그러나 성장을 위해 해결해야 할 과제도 산적해 있다. 먼저 해결해야 할 것은 2010년 8월기의 '매출액 1조 엔'이다. 목표를 달성하기 위해서는 과거 최고 매출액보다 3,000억 엔을 더 벌어들어야 한다.

해외 유니클로 사업을 1,000억 엔으로 확대할 수 있으면 더할 나위 없겠지만, '아직 세계화의 1부 능선에도 이르지 못한 상황'이 현실이다. 제조 거점으로 삼고 있는 거대한 중국 시장의 개척도 이제 막 시작했을 뿐이다.

하지만 희망도 있다. 국내외 주요 도시의 대형점에서만 취급하는 새 브랜드 '+J플러스제이'의 매출이 호조를 보이고 있다는 점이다.

'+J'는 2009년 10월부터 세계적인 디자이너 질 샌더가 감수한 새로운 브랜드다. 올해 가을, 하네다 공항과 도쿄 역에는 유니클로 쇼핑백을 든 승객이 자주 눈에 띄었다. 유니클로는 전국 동시 판매이기 때문에 굳이 도쿄까지 와서 '쇼핑'을 할 필요가 없는데 말이다.

그 가방 속의 내용물은 '+J'였다. 가격대는 1만 엔 전후로 유니클로 제품치고는 고가지만, 발매 첫날 파리와 뉴욕, 도쿄에 행렬을 이룰 만큼 높은 관심을 모으고 있다.

백화점이 저가 의류를 취급하고 유니클로가 고급 디자이너를 기용하는 등 '업태'라는 울타리를 걷어낸 시대로 접어들게 된 분기점이 바로 '+J'다. 품절이 속출할 만큼 '+J'가 호조를 보이자 패스트 리테일링은 2009년 11월에 전문점 진출 방침을 명확히 했다. 아울러 백화점 진출도 검토하고 있다.

패스트 리테일링에는 유니클로에 대한 과도한 의존이라는 폐해도 있다. 2009년 8월 결산의 영업 이익은 과거 최고인 1,086억 엔이었는데, 이것은 연결 결산이다. 그런데 그때까지 최고 기록이었던 2001년 8월기의 영업 이익은 단독 결산이었음에도 1,020억 엔이나 됐다. 즉 유니클로 사업만으로 이익을 내고 있는 것이다.

현재 어패럴 업계는 세계화가 급속히 진행되어 각지에서 이익을 올릴 수 있는 환경이 마련되었다. 그러나 이러한 과제를 안고 있는 패스트 리테일링이 매출액 5조 엔을 달성하기란 쉬운 일이 아니다.

현재 세계 3대 어패럴 소매 기업은 ZARA 등을 운영하는 인디텍스와 H&M, GAP인데 세 회사를 모두 합쳐도 매출액은 약 3조 8,000억 엔이다. 5위인 패스트 리테일링이 매출액 1조 엔을 달성하고 상위 세 회사를 모두 먹는다 해도 5조 엔에 미치지 못한다. 현실이 이러하기 때문에 재무나 현실을 무시한 팽창론이라고 보는 시각도 적지 않다. "허풍이 지나치다"는 목소리에서도 설득력이 느껴진다.

그러나 야나이는 진지하다. 야나이의 경영 교과서는 『프로페셔널 매니저Professional Managing』다. 이 책의 저자인 해럴드 제닌Harold Sydney Geneen의 가르침은 '먼저 결론을 내고 나서 경영하라'는 것이다.

그는 목표를 정하고 그 목표로부터 역산해서 무엇을 해야 할지 생각해야 한다고 역설한다. 이 이론을 바탕으로 야나이는 자신만의 철학을 이끌어냈다.

"목표와 현재의 거리를 재기 위해 필요한 것은 숫자다."

2009년 9월 2일, 야나이는 시종일관 자신만만한 표정으로 열변을 토했다. 이 자리에서 그는 '2020년 매출액 5조 엔 달성'을 피력했는데, 이어서 2020년의 매출 목표가 국내 유니클로 사업 1조 엔, 해외 3조 엔이라는 구상도 드러냈다. 또 유니클로 매장을 현재의 866매장에서 약 4,000까지 늘린다는 구상도 발표했다.

    2008년에는 2010년 8월기에 매출액 1조 엔, 경상 이익 1,500억 엔이라는 목표 실현을 위한 사업 전략을 발표했는데, 무리가 있어 보인다. 과연 패스트 리테일링은 매출액 5조 엔이라는 파격적인 확대 노선을 실현할 수 있을까?

'매일이 결산일'이라는 세밀한 경영으로 '결론의 정확도'를 높인다

 야나이가 전권을 장악한 지 불과 수 년 만에 히트 상품을 연발하는 집단으로 진화한 것은 높이 평가할 만하다. 그러나 해외 유니클로 사업은 이제부터가 시작이다.

 해외 매출액 1조 엔도 갈 길이 멀다. 전략 지역으로 2002년에 진출한 중국 내 매장도 43개에 불과하다. 이것을 2020년까지 대형점만 1,000점 규모로 확대하고 2010년 초반에는 중국에서 과거 최대 규모인 1,000여 평 규모의 기함점으로 성장을 가속화할 예정이라고 한다.

 "세상은 글로벌 리테일러의 시대다. 지방의 제조 소매업이 유니클로나 H&M 등 세계적인 제조 소매업에 패하기 시작했다."

야나이는 이렇게 말하며 글로벌 기업으로의 변신에 자신감을 내보인다. '플러스제이'와 '히트텍' 등 기술력이 핵심인 상품과 함께 가격이 저렴하면서 세련된 상품도 투입해 세계 전략 상품을 정비하면 해외에서도 유니클로 제품이 충분히 통용될 것이라고 자신만만하게 주판알을 놓고 있다.

"아시아의 주요 국가에 전부 진출해 그곳에서 넘버원이 된다. 지금은 유럽이나 미국의 1위가 세계 1위이지만, 앞으로는 아시아에서 1위를 차지하는 자가 세계 1위가 될 것이다."

야나이는 아시아 중심주의를 외치고 있다.

지금과 같은 세계적인 금융 위기 속에서는 흑자를 기록해도 자금 흐름이 악화되면 파산하고 만다. 일본에서는 스루가와 어번 코퍼레이션Urban Corporation 등의 부동산 회사가 흑자 도산했고, GM과 같은 거대 기업조차 자금 융통에 실패해 정부의 지원을 받고도 파산했다. 도요타는 도요타 은행이라고 할 만큼 많은 현금을 보유하고 있었지만 금융 위기 이후 자금 조달을 위해 분주히 뛰어다녔다. 수중에 현금이 없으면 안심하고 경영에 전념할 수 없기 때문이다.

패스트 리테일링의 주가는 상장 이래 최고가를 경신하고 있으며, 한때는 기업의 현재 가치를 나타내는 시가 총액에서도 세븐&아이를 제치고 소매 업계 수위에 오르기도 했다. 다만 최근의 주가는 지금까지의 평가가 전부 반영됐기 때문에 앞으로도 꾸준히 상승할지는 미지수다.

시가 총액은 기업을 나타내는 중요한 척도지만, 그것만으로 세계적인 기업이 될 수 없다. 패스트 리테일링은 얼마나 빠르게, 얼마나 많은 현금을 마련할 수 있을까? 지금까지 패스트 리테일링은 상품을 만들고 판매해 현금화 사이클을 빠르게 유지하는 것을 경영의 기본으로 삼아 왔다.

현금이 없으면 신용 등급이 낮아지고 회사채도 발행하지 못하며 융자도 받지 못한다. 이러한 사태를 방지하기 위해서는 오늘 하루 동안 얼마를 벌지 목표를 정하고, 그 목표를 달성했는지 여부를 확인해야 한다.

이것을 반복하면 해외 진출 자금은 확보할 수 있다. 1년은 반기, 사분기, 월, 주와 같은 단위로 나눌 수 있는데, 매주의 사업 결과로 다음 주에 해야 할 일을 결정하고 실행한다. 숫자를 보고 그때그때 세밀하게 결론을 내지 않으면 가장 중요한 '실행'으로 연결시킬 수 없다.

유니클로 매장은 1주일 매출의 절반을 토·일요일에 벌어들인다. 이를 위해서는 개개인이 유기적으로 모인 조직이 필요하다. 지금까지 일본의 회사 조직은 기업 중추를 군 조직의 참모 본부, 영업을 전선 부대로 여겨 왔다. 그런 조직에서는 상명하달, 즉 윗사람이 한 말을 아랫사람이 실행하는 형태로 의사와 책임이 나뉜다. 그러나 지금은 그런 시대가 아니다.

　"지금은 '하루하루가 위기'인 시대다. 최신 정보를 가지고 있는 현장에서 그때그때 관계자와 협의하면서 즉시 결단을 내리지 않으면 일이 진행되지 않아 매출을 올릴 수 없다. 옷을 바꾸고, 상식을 바꾸고, 세상을 바꿔라!"

 **뉴욕에 이은 파리 진출!**

패스트 리테일링은 2013년에 매출액의 국내외 비율을 거의 동등하게 맞춘다는 목표를 세우고 있다. 그 중심이 되는 지역은 아시아지만, 패션에 까다로운 구미에서 성공한다면 세계의 유명 패스트패션 기업들에게 유니클로의 이미지를 강하게 심어줄 수 있다.

2009년 10월 1일, 프랑스 파리의 중심가에 파리 오페라점이 문을 열었다. 패스트 리테일링이 '세계를 향해 최고의 유니클로를 표현한 쇼케이스'라고 한 최초의 본격적인 매장이다.

세계적으로 불황이 위세를 떨치는 가운데 파리에서도 저

렴한 패스트패션 브랜드가 공세를 펼치고 있으며, 유니클로도 현지의 젊은이와 패션 관계자들 사이에서 화제가 되었다. 첫날은 '옷을 입어 보는 데 두 시간이나 걸릴' 만큼 고객들로 붐볐다.

이 매장은 약 140년 전에 지은 지하 1층, 지상 2층의 건물을 활용한 곳으로, 총면적 2,000제곱미터의 매장에 9.9유로약 1,300엔의 청바지와 39.9유로의 다양한 캐시미어 스웨터 같은 주력 상품이 진열되었다. 또한 '플러스제이'도 일본보다 한 발 앞서 발매되었다.

"파리는 캐주얼 의류점이 치열한 경쟁을 벌이고 있는 곳이다. 미국의 GAP과 스웨덴의 H&M, 스페인의 ZARA, 여기에 프랑스에서 유니클로와 비슷한 상품으로 유사한 방식의 매장을 운영하고 있는 에탐Etam 등이 있다. 이런 강호들을 정면 돌파해야 한다. 일본 브랜드인 MUJI는 상품의 단순함으로 파리 사람들의 인기를 끌고 있다. 유니클로도 단순함을 전면에 내세우면 성공할지 모른다." 프랑스 주재 저널리스트

파리 진출은 뉴욕에 이어 권토중래를 벼른 결과다. 다만 과거의 쓰디쓴 경험이 있기 때문에 당사자인 패스트 리테일링도 일본에 버금가는 대성공을 거둘지에 대해서는 낙관

하지 않고 있다. 그 이유 중 하나가 파리 사람들의 다양성이다.

파리에는 다양한 체형과 취향을 가진 국민이 모여 있다. 단순히 생각해도 그 사람들의 욕구를 만족시킬 수 있는 상품 라인업을 갖추기란 쉬운 일이 아니다. 또한 몰개성을 혐오하는 유럽에서 디자인은 물론 패턴 연구가 어패럴 사업의 성공 열쇠라고 일컬어진다. 그러나 패터너와 패턴 메이커의 부족은 과거부터 패스트 리테일링을 비롯한 일본 어패럴 업계 전체의 과제로 지적되어 왔는데, 이 문제도 아직 해결되지 않았다.

물론 유니클로의 제품 소재와 재봉 솜씨는 충분히 높은 평가를 받을 만하다. 실패로 끝난 지난번과는 달리 이번에는 확고히 자리를 잡고 있는 것처럼 보인다. 그러나 소비자의 특징과 기질이 전혀 다른 해외에 일본의 비즈니스를 침투시키는 것은 제아무리 자국에서 성공을 거두었다고 해도 쉬운 일이 아니다.

한편 패스트 리테일링은 해외 브랜드를 포기하고 있다. 일본 내의 11개 직영점 등에서 이탈리아 의류 브랜드 '아스페지'의 사업을 전개하는 자회사 아스페지 재팬의 보유 주식 전부를 이탈리아의 알베르토 아스페지사에 매각한 것이다.

이탈리아 아스페지사는 미쓰비시 상사로부터 아스페지 재팬 주식 20퍼센트를 취득해 완전히 자회사화하고, 일본 법인을 설립해 자사 주도로 사업 확대를 꾀하고 있다. 패스트 리테일링은 '그룹의 규모 확대로 아스페지 사업의 비중이 낮아져 상승효과를 일으키기 어려워졌다.'는 이유에서 아스페지 재팬 주식 매각을 결정했다.

미국에는 2005년 가을에 뉴저지 주에 1호점을 열고 쇼핑몰을 중심으로 매장을 확대했지만 그리 순조롭지는 못했다. 향후 미국 전략의 열쇠는 2006년 11월에 글로벌 기함점으로 문을 연 소호 뉴욕점 UNIQLO SOHO NY SHOP과 유명 디자이너인 사토 가시와의 능력에 달렸다.

패스트 리테일링은 뉴욕의 중심가인 타임스 스퀘어에서 보온 기능으로 인기가 높은 방한 의류 '히트텍'을 무료 배포하는 이벤트를 가졌다. 은색 코스튬을 입은 '히트텍맨'이 서모그래피 카메라로 보행자의 몸의 어느 부분이 차가운지 '진단'해 히트텍 착용을 권하면, 자동판매기 모양의 상자에 들어간 스태프가 기계인형 동작으로 히트텍을 건네준다.

이러한 퍼포먼스 이벤트가 지역 텔레비전에 소개되면서 많은 뉴요커와 관광객이 아침부터 줄을 섰다.

유니클로의 해외 진출은 2001년의 영국 런던점을 시작으로 중국과 미국, 홍콩, 한국 등지의 세계 시장으로 확대됐다. 그리고 2006년 11월에 뉴욕점을 개점하면서 해외 전략을 전면 수정했다. 기함점 중심의 해외 전략을 통해 글로벌 브랜드의 지위를 착실히 확립한다는 계획이다.

해외 진출의 출발점인 영국에서는 21개 매장까지 확대했지만 2년 뒤에는 16개 매장을 폐쇄했다. 현재 고전하고 있지만 재기의 기회를 엿보고 있는 중이다.

무인양품과 아시아에서 격돌하다

유니클로의 중국 진출은 2002년 상하이에서 시작되었다. 이후 2005년부터 2006년에 걸쳐 베이징 시내에 2개 매장을 오픈했지만 얼마 못 가 폐점하는 등 성과를 내지 못했다.

2008년 3월 29일, 베이징의 번화가인 시단 지구에 베이징 1호점인 '시단점'을 열었다. 그리고 이어서 2008년 4월 19일에는 베이징 중심부의 왕푸징에 2호점인 '신둥안점' 1,320제곱미터을 열었다. 이로써 중국의 유니클로 매장은 12개가 되었다.

패스트 리테일링의 2010년 8월기 연결 매출액 목표는 1

조 엔 이상이며, 그중 해외 사업은 1,000억 엔으로, 중국 시장을 성장 전략에 포함시킨 미래 구상을 하고 있다. 뉴욕과 런던, 파리에 이어 베이징의 시단에 대형 기함점을 연 것도 구미 시장의 공략과 함께 '세계적인 브랜드 이미지를 확립해 동아시아에서 존재감을 높인다.'는 유니클로의 중국 시장 중요도를 보여준다.

이와 같은 패스트 리테일링의 중국 전략은 2013년까지 매장 수를 100개로 확대한다는 목표를 향해 힘찬 전진을 시작했다.

지금까지 패스트 리테일링은 중국의 전 국민을 대상으로 삼았다. 그러나 다민족 국가이며 빈부의 차이가 큰 중국에서는 저가격, 고품질일 뿐만 아니라 코디네이션이 쉬운 유니클로 제품을 '멋 내기' 도구로 사용하는 계층은 도시에 거주하는 한족 부유층이다.

베이징과 상하이 등의 대도시만으로는 유니클로의 야망을 실현할 수 없다. 홍콩은 중국이면서도 전혀 다른 중국이다. 매장 면적 1,000제곱미터 이상을 자랑하는 유니클로 홍콩점은 해외 매장 중에서도 정상급 매출액을 자랑한다.

그러나 야나이가 모범으로 삼은 캐주얼 의류점인 '지오다노GIORDANO'가 정착해 있어 고전을 면치 못하고 있다. 이에 홍콩 여성의 강한 구매력과 지역 브랜드와의 차별화를 꾀하기 위해서 여성복 매장 면적의 비율을 확대했다.

베이징에서 유니클로의 호적수가 될 것으로 예상되는 것은 양품계획이다. 양품계획이 2009년 10월 13일에 발표한 2009년 8월 중간 연결 결산을 살펴보면 매출액에 해당하는 영업 수익이 전년 동기 대비 2.9퍼센트 감소한 812억 엔, 순이익도 27.5퍼센트 감소한 39억 엔으로 부진을 면치 못했다.

그러나 2010년 2월기 연결 결산은 판매 회복을 예상해 영업 수익이 0.6퍼센트 증가한 1,647억 엔, 순이익도 15.8퍼센트 증가한 80억 엔을 예상했다. 그런 양품계획의 '무인양품'이 베이징 시 동부의 쇼핑가에 2호점을 열었다. 매장 면적은 약 800제곱미터로, 모두 83개인 해외 매장 중에서는 최대급이다.

양품계획의 전체 매출액에서 해외 매출액이 차지하는 비율은 약 10퍼센트로 유니클로보다 더 높다. 양품계획은 해외 이전을 강화하고 있어 2011년에는 해외 매출액의 비율을 20퍼센트로 끌어올릴 계획이다. 따라서 앞으로도 중국을 비롯한 해외에서 적극적으로 매장을 확장해 나갈 것으로 보인다. 베이징에서는 3호점을 예정하고 있어, 유니클로의 호적수가 될 듯하다.

또 한국에는 2005년 9월 2일에 서울 등에 3개 매장을 열었다. 서울과 인천의 롯데 백화점에 2점, 서울 시내에 있는 종합 슈퍼마켓인 롯데 마트에 1점이다. 향후 3~5년 사이에 한국 내에 15~30점의 매장 개점을 계획하고 있으며, 목표는 연간 매출 100억 엔이다.

저출산 고령화로 더욱 축소되어 가는 일본의 소매 시장과 해외 인지도가 유니클로의 장래 운명을 좌우할 것으로 보인다.

PART 7
비상식적 경영으로 유통의 주역이 되다

990엔이라는 가격은 '놀라움'이라는 가치를 만들어냈다. 그래서 소비자들은 990엔 청바지를 구입했다. 그러나 GU의 뒤를 이어 발매된 저가 청바지에는 이러한 '놀라움'이 없다. 그래서 사지 않는다. 팔리지 않는다. 물자가 넘쳐나는 오늘날, 새로운 가치를 발견해내지 못한 상품이 외면당하는 것은 당연한 결과다.

990엔 청바지는 '임팩트'가 있었기 때문에 팔렸다!

지유GU가 작년 3월에 발매한 990엔 청바지는 각 사의 소모전을 유발했다. 그런데 가격이 990엔에 이르기까지의 경위가 흥미롭다.

처음에는 GU 청바지의 기존 가격인 1,990엔보다 저렴한 느낌을 주려고 1,490엔을 계획했지만, "놀라움을 주려면 990엔으로 해야지."라는 야나이의 한마디에 990엔 청바지가 탄생했다.

먼저 가격을 정하고 원가를 맞추려 한 점이 기발하다. 이후 990엔으로도 이익을 낼 수 있는 구조를 구축한 것은 앞에서 이야기한 대로다.

990엔 청바지의 대히트에 각 대형 유통사들은 GU보다 더 싼 청바지를 적극적으로 투입했다. 세븐&아이 홀딩스의 할인점이 5월에 GU보다 10엔이 싼 980엔에 청바지를 발매했고, 이어서 이온은 8월에 880엔 청바지를 내놓았다. 다이에도 9월에 880엔 청바지를 발매했다.

소매 업계 대부분은 이쯤에서 가격 경쟁이 멈출 것으로 예상했지만, 세이유가 10월부터 850엔 청바지를 발매해 최저 가격 기록을 경신했다. 그리고 돈키호테가 그보다 더 싼 690엔 청바지를 투입하자 유통 업계는 '원코인 청바지'가 등장하는 것이 아니냐며 술렁였다.

각 사는 자신들의 강점을 발휘했다. 먼저 세이유를 살펴보자. 사실 세이유는 저가 청바지 경쟁의 선도자가 되어도 이상할 것이 없다. 아니, 제일 먼저 1,290엔 선에 청바지를 발매했다면 국면은 달라졌을지도 모른다.

과거에 세이유는 선진적인 패션 의류를 취급하는 슈퍼스토어로서 높은 평가를 받았고, 현재는 월마트의 산하에 있다. 월마트는 미국에서 청바지를 가장 많이 판매하고 있다. 양사가 손을 잡고 월마트 그룹의 조달망을 활용했다면 GU에 선제 펀치를 먹일 수도 있었다.

또 이온에는 'TOPVALU'라는 자사의 전략 상품군이 있다. 이 브랜드 상품으로 저가 청바지를 추가하면 GU를 모방하는 것으로는 보여지지 않는다.

이렇듯 소매 업계에서 진행되고 있는 'GU 포위망', 야나이는 이러한 움직임에 대해 "우리는 처음으로 990엔 청바지를 내놓아 가치를 만들어냈다. 그렇기 때문에 고객은 우리의 상품을 구입해 줬다. 우리를 흉내낸다고 해도 부가 가치는 없다."라며 날카롭게 비판했다. 또 이러한 말도 덧붙였다. "매일 값싼 청바지를 입으면 기분이 좋은가? 난 그렇게 생각하지 않는다. 990엔 청바지는 가끔 입으니까 즐거운 것이다."

야나이는 이미 저가 청바지 시장을 제압했다고 보고 있다. 990엔이라는 가격은 '놀라움' 이라는 가치를 만들어냈다. 그래서 소비자들은 990엔 청바지를 구입했다. 그러나 GU의 뒤를 이어 발매된 저가 청바지에는 이러한 '놀라움' 이 없다. 그래서 사지 않는다. 팔리지 않는다. 물자가 넘쳐나는 오늘날, 새로운 가치를 발견해내지 못한 상품이 외면당하는 것은 당연한 결과다. 야나이는 냉소적으로 이렇게 말한다.

"조만간 공짜 청바지도 나오겠어."

가격 경쟁이 심해지면 결국은 폭탄 세일 후 문을 닫는 옷

가게의 운명이 된다. 앞으로 저가 의류를 내놓는다고 해도 소비자들은 놀라지 않을 것이며, 쉽게 덤벼들지도 않을 것이다.

수요를 창출하지 못하는 빈사 상태의 백화점

 전국의 백화점과 슈퍼스토어의 기존점 의류 매출액은 2008년 이후 계속 큰 폭으로 하락하고 있다. 온워드 홀딩스ONWARD Holdings나 레나운RENOWN 등 백화점 판매용 의류를 주력으로 삼는 의류 업체 4사의 2009년 3~8월기 결산도 처참했다.

 백화점과 슈퍼스토어, 의류 업체가 매력적인 상품을 제공하지 못하게 되었다는 구조적인 문제도 떠오르고 있다. 백화점에 입점한 매장의 대부분은 유니클로 같은 '완전 매입제'가 아니라 매출이 생기면 그때 매입하는 '소화 매입제'를 택하고 있다.

이러한 매장은 재고 리스크가 없고 인건비가 낮아 비용이 적게 든다. 따라서 이익률이 낮은 저가 상품을 취급해도 채산을 맞추기 쉽지만, 일부러 그것을 고가격대에 팔아 큰 이익을 남겨 왔다. 말하자면 땅 짚고 헤엄치기로 장사를 했던 것이다.

또 백화점은 유니클로와 달리 팔리지 않고 남은 상품을 제조 업체에 반품할 수 있는데, 당연히 제조 업체는 이를 도매가격에 반영하거나 원재료의 질을 떨어뜨리는 방법으로 그 리스크에 대처한다.

즉 백화점에서 1만 엔에 파는 상품은 소화율을 생각해 2,000엔에 만들어야 한다. 유니클로라면 2,000엔에 만든 것을 4,000엔에 팔 수 있다. 또 백화점 납품 업체가 2,000엔에 만드는 제품을 유니클로는 1,000엔에 만들 수 있다.

이와 같이 백화점의 의류는 가격이 비싸다는 이미지를 불식시키지 못함에 따라 소비자들이 이탈하기 시작했다. 소비자들은 '판매 가격의 30~40퍼센트를 백화점이 차지하는 거래 관행이 있어서 그만큼 가격이 높게 책정되며, 그것을 소비자에게 부담시키고 있다.'는 사실을 알아버렸다. 그와 비교하면 낡은 거래 관행에서 벗어나 자유롭게 장사하는 패스트 리테일링은 정직해 보인다.

백화점들도 이제는 그와 같은 관습을 반성하고 새로운

시도를 시작했다. 공통점은 '가격 파괴'다. 먼저 백화점의 상식을 뒤엎은 곳은 업계의 논객으로 이름 높은 오쿠다 쓰토무의 J프론트 리테일링 J. FRONT RETAILING이었다.

2009년 3월, J프론트 리테일링의 다이마루 우메다점에 신사복 전문점 '하루야마 상사'의 'P.S. FA Plati num'이 진출했다. 하루야마 상사는 그때까지 교외 입지형 백화점인 다마센터 미쓰코시에 진출한 경험은 있지만 백화점의 얼굴이라고 할 수 있는 도심 입지형 매장에 진출한 것은 처음이었다. 라이벌인 아오야마 상사와 AOKI 홀딩스, 고나카 등은 아예 백화점 진출을 하지 않는다.

하루야마의 입점은 "백화점으로서 넘어서는 안 될 선을 넘었다."라는 비판을 불러일으켰다. 그런데 이것이 개점 첫날부터 이틀 동안 매출액 1,000만 엔을 달성하는 예상 이외의 성과를 기록했으며 지금도 호조를 유지하고 있다.

다이마루 우메다점은 화제를 만들어내기 위해 하루야마 상사와 공동으로 2009년 7월 29일부터 사흘 한정으로 3,000엔이라는 파격적인 가격에 양복을 판매했다. 하루 50벌 한정이었지만 대형 백화점이 이런 저가격대의 양복을 판매한 것은 업계에서도 처음이었다.

이어서 마쓰야도 가격 파괴를 단행했다. 백화점은 매년 봄과 가을에 특설 행사장에서 신사복 할인 판매를 실시한다. 2009년 봄의 매출액은 전년 대비 5~25퍼센트 감소했는데, 이러한 상황에서 홀로 승승장구한 곳이 마쓰야였다. 200벌 한정으로 한 벌에 9,800엔에 양복을 판매하자 순식간에 동이 났고, 통상 10만 엔 대인 유명 브랜드 양복을 3만~4만 엔에 판매한 것도 모두 팔렸다.

마쓰야가 도전한 것은 두 가지 개혁이었다. 첫째는 일본의 판매 회사를 거치지 않고 이탈리아의 도매업자로부터 직접 매입한 것이고, 둘째는 물량을 떠맡음으로써 할인을 실천한 것이다. "거 봐. 하면 돼!"라고 할 수 있지만, 이대로 일과성으로 끝난다면 결국은 수포로 돌아 갈 것이다.

과제는 '어떻게 신규 고객을 발굴하고 유지해 나갈 것인가'이다. 소비자들이 쉽게 접근할 수 있는 저가격 시스템은 필요하지만, 높은 품질과 패션감각을 요구하는 고객의 수요에 지속적으로 부응하지 못하면 의미가 없다. 또한 구매를 촉진하는 매장 분위기를 조성하고, 각 매장에 상품 구성을 지도할 수 있느냐는 것도 중요하다. 단발성이 아니라 매장 전체를 근본적으로 개혁하지 않으면 일장춘몽으로 끝날 것이다.

백화점 자체 상표 PB는 활로가 되어줄 것인가?

 세븐&아이 홀딩스 산하의 밀레니엄 리테일링구 세이부, 소고은 2009년 9월부터 여성복과 신사복, 아동복이 기존 상품보다 40퍼센트 가량 저렴한 PB '리미티드 에디션'을 양 백화점에서 발매했다.

 PB는 기존 거래처와의 협력만으로는 한계가 있다. 그래서 쇼핑센터를 대상으로 하는 어패럴 기업이자 중국에 협력 공장 200여 곳을 보유한 크로스 플러스CROSS PLUS와 손을 잡았다. 밀레니엄 측은 디자인과 패턴의 종류를 줄이고, 완전 매입제로 재고 리스크를 없앴다. 가격은 여성용 재킷이 1만 2,000엔, 컷소는 6,000엔이다.

이세탄도 업계 최고의 구매 파워와 기획력을 무기 삼아 '브랜드', '희귀성', '한정', '제휴'로 충성도 높은 고객을 확보해 왔는데, 이번에는 '비용', '가치'를 향한 도전을 시작했다. 주 무대는 20~30대를 겨냥한 여성복 매장 '뉴즈스퀘어NS 스타일링'이다.

기존의 매장이 브랜드별로 벽을 세워 분리되었던 반면에 이곳은 벽이 없는 넓은 매장에 논브랜드 상품이 진열되어 있는 구조다. 2001년 이후 신주쿠 본점 이외의 지점과 계열 백화점에서 점두 영업을 공통화하며 전개해 왔다.

의류 PB는 처음 1년 동안은 누가 해도 잘된다는 것이 과거의 통상적인 경험이다. 따라서 재고 평가가 나오는 2년째부터가 진정한 시작이다. 과거에 백화점이 시작한 의류품 PB는 재고 평가손이 발생하면 결국 업체에 반품 처리하는 경우가 대부분이었다.

사실 백화점의 단독 기획 상품은 이세탄뿐만 아니라 대부분 백화점이 취급해 왔다. 백화점이 기획 단계부터 참여해 제조 업체나 상사가 제품을 만들고 발주한 분량은 전부 사들이는 이른바 '유니클로식'이다.

그러나 패스트 리테일링이나 외자계 패스트패션 기업과 다른 점은 백화점이 기획을 한다지만 업체에 자신들이 원하는 제품을 만들게 하는 '도급'이 대부분이다. 따라서 어디까지가 자주 기획인지 모호할 때가 많다.

이 수법은 처음에는 신선하게 보이지만 얼마 못 가는 경우가 대부분이었다. 흉내는 흉내일 뿐 그 영역을 벗어나지 못하는 것이다.

한편 백화점의 의류품 매출 하락 타격을 고스란히 받고 있는 백화점 납품 어패럴 업체도 변화를 꾀하고 있다. 온워드 홀딩스 산하의 핵심인 온워드 가시야마ONWARD KASHIYAMA는 백화점 납품이 매출의 70퍼센트를 차지하고 있다.

그런 온워드가 미국의 신흥 셀렉트 숍인 '오프닝 세레모니Opening Ceremony'의 일본 상표권을 획득해 H&M 등에 대항하기 시작했다.

2009년 가을, 시부야의 고엔 거리와 마주한 장소에 '오프닝 세레모니' 이하 OC를 개설했다. 이 건물은 세이부 시부야점 모비다관을 개장한 것으로, 모든 층을 OC로 운영하고 있다.

매장은 지하 1층부터 지상 7층까지이며 영업 면적은 2,390제곱미터인 거대 셀렉트 숍이 등장한 것이다. 이곳은 OC의 일본과 아시아 기함점이며 미국 이외에는 첫 번째 해외 진출이다. 각 층을 라이프스타일별로 구성하고 디자이너별로 매장화한 판매 스타일도 특징이다.

원래 오프닝 세레모니는 2001년에 창업한 신흥 세력으로, 미국에서도 매장이 두 곳밖에 없어 지명도가 낮다. 그런데도 온워드가 이곳을 주목한 이유는 최근의 불황 속에서도 매출이 급성장하고 있기 때문이었다. 온워드는 아시아에도 진출한다는 방침이며 OC에 대한 출자도 고려하고 있다. 다만 자유롭게 사업을 하기에는 백화점 측의 속박이 심한 게 현실이다.

"온워드의 주력 브랜드인 '구미쿄쿠'의 쇼핑센터용 브랜드 '구미쿄쿠 팜'을 개점했다가 대형 백화점의 항의를 받은 적이 있다." 유통 전문 기자

독자적인 비즈니스에 대한 온워드의 본격적인 참여는 좀처럼 쉽지 않을 듯하다.

고급 브랜드가 살아남는 법

 산요 상사나 레나운 같은 유명 백화점계 어패럴도 대폭적인 가격 인하에 나섰다. 산요는 약 60개 백화점에 공급하는 주력 코트 브랜드 'SANYO'의 2010년 봄·여름용 여성 상품의 중심 가격을 2009년 봄보다 약 25퍼센트 인하하고, '반베르VENTVERT' 등 세 가지 여성 브랜드도 가격을 20퍼센트 인하한다고 발표했다.

 한편 어려움에 처한 레나운도 주력 캐주얼 의류 브랜드인 '심플라이프SIMPLE LIFE'에 백화점에서는 보기 드문 3,000엔의 여성용 셔츠류를 내놓았고, 신사용품의 가격도 2009년 봄보다 5~10퍼센트 인하했다. 산요와 레나운은 디자인을 공통화하는 방법으로 비용을 낮춤으로써 저가격대에 도전했는데, 브랜드가 살아남기 위한 방법으로 가격 인하만을 선택하는 데에 의문을 제기하는 시각도 적지 않다.

"여성복의 7~9월 매출은 전년도를 웃돌았다. 신사복도 마찬가지다."

영국의 명품 브랜드 '닥스DAKS'를 판매하는 산쿄세이코는 이렇게 말했다.

소비자들이 저가격을 지향함에 따라 해외 브랜드들은 하나같이 고전을 면치 못하고 있다. 개중에는 눈물을 머금고 일본 시장에서 철수를 결정한 브랜드도 있다. 그 결과 체면 불구하고 저가 상품을 준비해 고객을 붙잡아 놓으려는 사례는 앞에서 소개한 바와 같다.

일본에서 연간 약 500억 엔의 매출소매 기준을 올리는 닥스도 2009년 4~6월까지는 고전했다. 재작년 9월의 리먼 쇼크 이후 '전년 대비 20퍼센트 하락은 당연하고 10퍼센트 하락은 선방' 상황은 계속되었다.

그랬던 닥스가 어떻게 위기에서 탈출하고 있는 것일까? 그 해답은 한 전시회에 있었다. 2009년 7월 30일, 섬유 도매상이 밀집한 도쿄 니혼바시 도미자와초에 있는 산쿄세이코 도쿄 본사에서 'DAKS 아카이브전'이 열렸다. 전시회장에는 닥스의 상품 기획이나 판매와 관련된 사람 1,000여 명이 모였다.

전시회장에서 특히 눈길을 끈 것은 세 개의 '로열 워런트 Royal Warrant'였다. 로열 워런트는 '왕실 납품 업체 인정서'다. 닥스는 영국의 엘리자베스 여왕과 에든버러 공 엘리자베스 여왕의 부군, 찰스 황태자로부터 로열 워런트를 수여받았다.

닥스는 벨트 대신 고무를 사용한 '벨트리스 슬랙스 Beltless Slacks'를 최초로 고안하는 등 신사용 패션사에 커다란 영향을 끼쳐 왔으며, 1894년에 창업한 이래 '품질 제일'을 불변의 테마로 내세우고 있다. 전시회장에는 이러한 닥스의 역사와 공적, 브랜드 정책을 설명하는 자료가 전시되었다.

산쿄세이코가 닥스를 일본에 처음 들여온 시기는 1970년이다. 현재 23사에 브랜드 라이선스를 공여하고 있는데, 대략 3분의 2가 교체되었다. 닥스 측의 담당자도 세대교체가 진행되어, 닥스의 역사와 가치를 충분히 이해히지 못한 채 상품을 기획하고 판매하는 일이 많아졌다.

1만 엔만 있으면 상의에서 하의까지 전부 살 수 있는 패스트패션이 유행하고 있는 시대에 재킷만 10만 엔이나 하는 고급 브랜드가 살아남으려면 브랜드의 가치를 소비자에게 제대로 알려 인정을 받아야 한다.

'왜 이 상품은 가격이 10만 엔이나 하는가?'

'이 브랜드에는 어떤 역사가 있으며 얼마만큼의 가치가 있는가?'

매장 담당자나 상품 기획자 중에 이러한 의문에 대답할 수 있는 사람은 많지 않다. 이 점을 개선하면 브랜드를 지킬 수 있다. 요지는 '책임 스토리'를 어떻게 하느냐. 브랜드의 설명에 대한 야나이의 발언은 간결하면서도 쉽다.

"이 청바지가 990엔인 것은 이러한 이유가 있기 때문이다."

"유니클로에는 이만큼의 가치를 만들어내는 힘이 있다."

닥스의 사례는 고급 브랜드가 부진한 원인이 소비자의 저가 선호 경향에만 있지 않음을 보여준다.

백화점의 구원자가 되다

 유니클로가 대형 백화점 진출을 선언했다. 2009년 가을에 요코하마 시내의 세이부 백화점에 문을 연 데 이어 2010년 봄에는 다카시마야 신주쿠점에 진출한다. 다카시마야의 경우에는 최대급의 도심점이 될 가능성도 있다.

 다이마루와 마쓰자카야를 산하에 둔 J프론트 리테일링과도 교섭을 벌이고 있다. 입지 환경이 좋은 백화점 내에서 성장을 가속시키고 싶은 패스트 리테일링과 판매 회복을 서두르는 백화점의 이해가 맞아떨어진 결과이며, 소비 부진을 배경으로 주역 교대가 진행되고 있는 소매업의 모습을 반영하고 있다.

요컨대 유니클로는 매출 격감으로 고민하는 백화점의 구원자가 되고 있다. 지방 백화점은 생활 필수품이 된 자동차에 대한 대응력이 떨어져 매력은 잃어가지만 도시형 백화점은 이야기가 다르다.

작년 1월, 일본 백화점 협회의 축사 교환회에서 회장인 스즈키 고지 다카시마야 사장은 이런 인사를 했다.

"(실적이 호조인)편의점과 식품 슈퍼마켓, 유니클로만의 세상은 되지 않는다."

말은 이렇게 했지만, 다카시마야가 유니클로를 불러들인 것을 보면 유통 주역 교대의 흐름은 멈출 것 같지 않다.

"다카시마야는 자회사인 도신개발이 관리하는 식당가 등의 전문점 플로어에 유니클로 매장을 4월 예정으로 개업할 계획에 있다. 넓이는 2,000제곱미터급으로 도심 최대 규모다. 다카시마야 신주쿠점은 신주쿠 이세탄이나 신주쿠역 바로 위에 있는 오다큐, 게이오 백화점에도 밀려 초조해하고 있다. 2007년에 전면 개장해 고액 상품을 강화하며 매출액 상승을 노렸지만 효과가 없었다. 그래서 수공예 용품인 '유자와야'와 유니클로에 진출을 의뢰한 것이다. 유니

클로의 '플러스제이'와는 상품이 경합될 텐데, 어떻게 조정할 생각인지 모르겠다." 유통 전문 기자

신주쿠에는 2009년 2월에 이미 마루이의 새로운 매장 '신주쿠 마루이 카렌'이 문을 열었으며, 그곳에 유니클로가 입점했다. 바로 코앞에는 패션에 강한 이세탄 신주쿠 본점이 있다.

신규 진출이 줄고 있는 백화점 업계에서는 오랜만의 격돌이었는데, 젊은이들의 패션에 강하다고 평가되어 온 마루이가 100제곱미터 규모라고는 하나 유니클로에 성문을 열어줄 수밖에 없었다.

패스트 리테일링은 최근 2~3년 사이에 도심부의 백화점을 주요 진출 지역으로 정하고 적극적으로 교섭을 벌였지만, 백화점 측은 해외 브랜드 등 고가품을 중심에 놓고 소극적으로 대응했다.

그러나 재작년 가을의 세계적인 불황으로 매출액이 크게 저하되었을 뿐만 아니라 소비자의 저가 지향 경향이 진행되자 유니클로 유치에 긍정적인 자세가 되었다.

백화점의 경영 자원은 '신뢰'와 '품격'이다. 이것은 매장이 있기 때문에 가능하며 자신들의 안목으로 물건을 매입해 고객에게 설명하고 판매한다. 신뢰와 격이 활용되는 무

대 장치가 바로 매장이다. 이 매장을 다른 사람에게 빌려주는 형식이기 때문에 처마 밑을 빌려줬다가 안채까지 빼앗길 가능성도 높다.

UNIQLO

PART 8
소매업이 변하지 않는 진짜 이유

월마트 등은 평범한 상품을 판매하면서도 비즈니스에 로지스틱스를 활용함으로써 라이벌에게서 점유율을 빼앗아 오는 데 성공했다. 그러나 월마트가 세이유를 발판 삼아 일본 시장에 진출했지만 성공하지 못한 까닭은 일본의 상습관과 맞지 않아 이 특기 분야를 활용하지 못했기 때문이다.

사망자도 발생하는 미국의 초과격 할인 판매

미국의 최대 이벤트인 추수 감사절은 '1년에 한 번인 할인 판매의 날'이기도 하다. 이 날은 추수 감사절 다음날인 금요일로, '블랙 프라이데이'라고 부른다. 그런데 최근 수년 사이 추수 감사절인 목요일 심야에 할인 판매를 시작하는 등 할인 판매의 시기가 조금씩 앞당겨져 왔다.

원래는 추수 감사절인 심야 오전 0시에 할인 판매를 시작하는 가게가 많았는데, 2009년에는 목요일 오후 10시부터 철야 할인 판매를 시작한 곳도 있었으며, 국민의 휴일로 식료품점 이외에는 상점과 사무실이 일제히 휴업하는 목요일 한낮에 할인 판매를 시작하는 옷가게도 등장했다.

할인 판매의 폭도 매우 크다. 전 품목 50퍼센트 할인에, 개중에는 전 품목을 80퍼센트 할인하는 고급 브랜드점도 출현했다. 한편 월마트 등의 양판점은 금요일 새벽 5시에 특매를 시작하는 것이 관례다.

2009년에는 40인치 LCD 텔레비전이 448달러, 32인치는 248달러에 팔렸으며, 블루레이 플레이어는 78달러라는 파격적인 가격에 판매되었다. 하지만 전날 밤부터 줄을 서서 상품을 구입할 수 있는 정리권을 받아야 살 수 있다.

2008년에 정리권 배포 과정에서 사람이 깔려 죽는 소동까지 빚어져 2009년에는 매장마다 이러한 사고가 일어나지 않도록 대비를 해야 했다. 일본이라면 아마 행사 자체가 금지되었을 것이다.

이러한 파격적인 할인 판매의 배경에는 2008년 가을의 '리먼 쇼크' 이후 계속되고 있는 소비 부진이 있으며, 그 결과 상품의 가격을 내리지 않으면 팔리지 않는 이른바 디플레이션 스파이럴이 미국에서도 일어나고 있다.

모든 상품 50퍼센트 할인, 일본의 10분의 1밖에 안 되는 가격의 LCD 텔레비전을 보면 전 세계 동시 디플레이션이 일어나고 있음을 실감할 수 있다. 일본도 디플레이션 상황 속에서 가격 인하 경쟁이 벌어지고 있지만, 사람이 깔려 죽을 정도의 소동은 일어나지 않는다.

일본의 소매업을 대표하는 양대산맥 중 하나인 이토요카도는 2009년 8월 중간 결산에서 영업 손익 43억 엔을 기록했고, 다른 한 축인 이온도 2009년 2월기에 본업인 종합 소매 사업의 영업 이익이 약 20퍼센트나 감소했다.

대형 소매 기업의 실적은 패스트 리테일링을 제외하면 모두 참담한 상황이다. 지금까지와 같은 규모 확대의 추구가 한계를 맞이하고 끝없는 저가 경쟁에 돌입한 것이 그 이유인데, 그렇다고는 해도 요즘과 같은 취업난 속에서조차 소매업의 취업 인기는 조금도 높아지지 않고 있다. 유니클로도 일본에서는 특히 고용이라는 측면에서 공헌도가 그리 높지 않다.

"경기가 좋아져 다른 업종의 채용이 증가하면 소매업은 반드시 채용 인원을 확보하는 데 어려움을 겪을 것이다. '왜 소매업에 취직하지?'라는 시선으로 바라보는 사람도 있다. 소매업을 기피하는 이유로는 '급료가 낮다', '일이 힘들다', '주말에 쉴 수가 없다' 등을 드는네, 그보다는 사회적 평가가 낮은 것이 가장 큰 원인이다." 유통 전문가

미국은 반대로 소매업의 취업 인기가 매우 높다. 미국 비즈니스지 『포천Fortune』은 매년 미국에서 가장 일하고 싶은

기업 순위 100위를 발표하는데, 2008년에는 소매업이 상위 20위 안에 세 곳이나 들어갔다. 게다가 이것은 리먼 쇼크 전의 '부끄러움을 모르는' 욕심 많은 금융 기관들이 큰 인기를 모으던 시절의 조사 결과다.

소매업 중에는 식품 슈퍼마켓이 인기가 높다. 뉴욕 주를 중심으로 지역과 밀착해 고객의 수요에 철저히 대응하는 웨그먼스Wegmans가 3위, 샌프란시스코 주변에 10개 매장만을 운영하는 너겟 마켓Nugget Market이 12위, 건강 지향이라는 차별화를 꾀하고 있는 홀푸즈Whole Foods가 16위였다.

리스크를 안지 않으면 품질은 향상되지 않는다

　일본 소매업의 현재 상황을 보면 왜 인기가 없는지 답이 나온다. 이미 저출산 고령화로 슈퍼마켓 전체의 매장 면적이 지나치게 넓어진 시대에 제조 업체와 중간 도매상에 의존하며 남의 흉내만 낼 뿐이다.

　어느 슈퍼마켓을 가든 PB의 전성시대이며, 차별화라고는 할인율 정도밖에 없다. 자신들의 힘으로 가치를 낳지 못하기 때문에 이익이 오르지 않는다. 그리고 이익이 오르지 않기 때문에 급여 수준도 낮고 노동 조건도 열악할 수밖에 없는 악순환이 반복되는 것이다.

　그렇다면 일본의 소매업은 매장과 서비스 모두 세계 표

준과 거리가 먼 것일까? 사실은 정반대다. 일본 소매업의 매장 관리 수준과 접객 수준이 세계 최고라는 것은 정설이 되었다. 외국의 소매 업계를 시찰하면 매장 관리나 접객의 질이 낮은 데 모두 놀란다. 외국의 소매 업체는 모두 결품을 허용하기 때문에 품절된 상품이 많다. 또 케첩을 만드는 회사가 서너 곳이나 되는 일본과 달리 대부분의 업종에서 독점 체제로 생산하기 때문에 상품 구성도 풍부하지 못하다. 접객 태도는 무뚝뚝하며, 작업도 성실하지 못하고 실수도 잦다.

반면에 일본의 계산대는 소비자의 기분이 좋아질 정도로 친절하다. 담당자는 상냥할 뿐만 아니라 빠르고 정확하다. 공간이 협소한 매장이지만 상품의 가짓수는 다양하며 품절되는 상품은 거의 없다. 외국과는 많은 차이가 있다. 그러나 일본의 소매 업체는 취업자들에게 인기가 낮으며 이익도 오르지 않는다.

"이렇게 된 원인 중 하나는 고도 성장기에는 수요가 왕성해 소매업을 하기에 최적의 시대였던 탓에 환경에 지나치게 안주했기 때문이다. 또한 소비자를 최고로 떠받든 결과, '비닐 봉투는 유료'라고 했다가는 다른 슈퍼마켓으로 옮겨 간다. 다른 이유는 제조 업체와 도매상이 소매업을 지탱하

는 구조에 편승해 쉽게 매장을 만들고 편하게 성장해 왔다는 것이다." _{유통 전문가}

제조 업체와 도매상의 유통 채널이 소매업의 유통 구조 전체를 컨트롤하고 있다. 유통 계열화와 리베이트_{판촉 장려금}를 통해 소매 업체를 원하는 대로 다룬다. 소매 업체는 제조 업체가 개발한 상품을 도매상이나 제조 업체의 영업 담당자의 지시에 따라 매장에 진열하기만 하면 됐다. 정말로 편한 장사다.

소매 업체가 어떤 상품을 진열하느냐는 사실상 제조 업체나 도매상이 결정한다. 주도권을 소매 업체가 아닌 제조 업체 또는 도매상이 쥐고 있다. 소매 업체가 자사의 상품 진열 방식을 자신들의 생각만으로 결정하는 예는 거의 없다. 실행하고 있는 곳은 패스트 리테일링 같은 SPA형 소매업뿐이다.

백화점이나 GMS 등의 종합 판매점이 몰락한 이유가 여기에 있다. 백화점은 거래처에 매장을 맡기기 때문에 자주적 머천다이징, 리스크 머천다이징을 할 수 없다. 또 그 일을 담당할 수 있는 인재를 키우지 않았으며, 이를 위한 계획도 세우지 않았고 유통 구조를 개혁하지도 않았다. 그래서 각 식품 슈퍼마켓이나 드러그 스토어, 홈 센터들의 구조가 모두 비슷비슷해서 '비닐 봉투가 유료이면 다른 가게로 가 버리는' 구조가 되어버렸다.

그 이유는 무엇일까? 소매업에는 모방이 많기 때문이다. 어느 곳에 잘되는 매장이 있다는 소문을 들으면 가서 보고는 그대로 따라한다. 또한 어딘가에 급성장하는 업태가 있다는 정보기 들어오면 조사해서 똑같은 업태를 만들었다.

저가 청바지가 좋은 예다. 1,000엔 이하의 청바지를 발매하려면 부단한 노력이 필요하지만, 그대로 따라하면 굳이 리스크를 안고 위험한 다리를 건널 필요가 없다. 참으로 편한 논리다.

핵심은 차별화가 되어 있지 않다는 점에 있다. 수요가 왕성해서 경쟁이 심하지 않을 때는 똑같은 상품을 똑같은 매장에서 팔더라도 문제가 없을지 모르지만 수요가 축소되어 경쟁이 치열해지면 매출은 당연히 감소한다.

매출을 늘리려 해도 차별된 점이 없기 때문에 차이점을 홍보할 수 없다. 결론적으로 차별화 방법은 가격밖에 없다. 불황 속에서 소매 업체들이 치열한 가격 인하 전쟁을 벌이고 있는데, 그 결과 가격을 내려도 매출이 증가하지 않는다. 그래서 가격을 더 내린다. 그러면 이익은 크게 감소하며 체력도 소모된다.

소매업은 상품을 매입해 파는 것이 비즈니스의 기본이

다. 원래는 어디에 어떤 상품이 있는지 직접 찾아다니면서 매입을 스스로 정해야 하지만, 대부분의 소매 업체는 상품을 찾아다니지 않는다. 거래처를 불러 "상품을 찾아 오라."고 하며, 거래처가 찾아온 상품 중에서 매입할 상품을 선택한다. 이래서는 단순히 상품을 선택할 뿐이다.

'누구도 이익을 올리지 못하는' 구조가 되어버린 진짜 이유

당연히 그 거래처는 다른 소매 업체에도 똑같은 상품을 소개한다.

"이건 A점에서 채용한 상품입니다. 다른 것을 선택하시는 편이……."라고 충고해도 마음에 들면 신경 쓰지 않고 선택한다. 각 소매 업체의 매입 담당은 자신이 직접 상품을 매입하는 것이 아니라 거래처가 제안하는 상품을 선택하기 때문에 결과적으로 어떤 매장에나 똑같은 상품이 진열된다.

매장의 판촉 기획도 대부분은 제조 업체에 맡긴다. 특별 기획, 행사 기획도 거래처에 입안을 시킬 때가 많다. 가격

인하를 할 때는 리베이트 등으로 원가를 낮추게 하고, 판촉 매체는 거래처로부터 제공받는다. 자신의 매장에서 판매할 상품을 직접 결정하지 않으며, 리스크를 안고 자신의 경비로 팔지도 않는 것이 소매업의 현실이다.

이러한 소매업의 안이함은 도매상과 제조 업체에도 전염되었다. 일본의 상습관에는 물류비가 명확하게 계산되지 않은 채 매입 가격에 포함된다.

매입 가격의 결정은 체인 본부가 해야 할 일이다. 그러나 그 교섭 상대인 도매업자도 납품처별·상품별 납품 물류비 등을 파악하지 않는다. 그리고 같은 구도가 도매상과 제조 업체 간의 거래에도 전이된다. 소매업이 시키는 대로 하다 보면 도매업의 재고는 마냥 불어나며, 그만큼 운전 자금이 증가한다. 그래서 조달처인 제조 업체에 발주의 소량화와 납품 리드 타임의 단축을 요청한다.

제조 업체의 영업 담당은 단골 거래처의 요구를 들어 주고사 납품 수단과 재고 확보를 위해 노력한다. 이것이 누적되어 전체적인 판매 계획에 무리를 준다. '허용 결품률'을 정하지 않은 것은 제조 업체도 마찬가지다. 품절 사태가 일어나지 않도록 공장은 과잉 생산을 한다. 그러면 그 영향은 원자재 공급자에게로 확산된다. 결산기가 다가와 총수가 재고 삭감을 호령하면 혼란은 더욱 가중된다.

모든 상품의 안전 재고 수준을 일률적으로 낮추거나 재고 자산에서 차지하는 비중이 큰 주력 상품의 재고를 일단 줄이고 본다. 그 결과 인기 상품의 품절 사태가 빚어지며, 반면에 다른 상품은 과잉 재고가 방치된다.

서플라이 체인의 각 과정에서는 각 담당자가 주어진 사명을 다해 열심히 최적화를 추구한다. 그러나 결과적으로는 전체의 효율이 악화되어 누구도 이익을 올리지 못하는 현상이 발생한다. 현장에서 아무리 노력을 거듭해도 서플라이 체인의 구조를 바꾸지 않는 한 문제는 해결되지 않는다.

서플라이 체인의 구조를 설계해 운영하는 경영 기능을 로지스틱스Logistics라고 부르는데, 이것을 기존의 물류 관리와 혼동하면 손해를 본다. 눈앞의 비용 절감만 우선하다가 오히려 경쟁력을 잃어버리기 때문이다.

로지스틱스 관리에는 올바른 순서가 있으며, 로지스틱스 선진 기업이라고 평가받는 세계의 유력 기업들은 모두 그 원칙을 준수한다.

대부분 일본 기업은 마케팅 전략을 바탕으로 이끌어낸 물류 서비스 수준의 최적값을 가지지 못하고 있다. 그러나 외자계 패스트패션 브랜드인 'H&M'이나 '포에버21'은 그 최적값을 가지고 있다.

대부분의 일본 기업은 마케팅과 로지스틱스를 통합하지

않는다. 때로는 로지스틱스 기능이 제외된 채 물류를 운영하고 있다. 그 결과 물류 관리 부문은 서비스 수준의 저하를 외면한 채 비용을 절감해 성과를 올리거나 비용 효율을 배려하지 않고 서비스 수준을 제한 없이 끌어올리는 수밖에 공헌할 방법이 없다.

방향성이 결여된 노력은 결과적으로 경영의 발목을 잡아당긴다. 허용 결품률도 마찬가지다. 결품을 피하려고 분기 중에는 재고를 쌓아 두었다가 분기 말이 되면 결산서를 맞추기 위해 필요 이상으로 재고를 삭감한다. 재고가 수요 변동과 연동되지 않기 때문에 경영 효율은 당연히 악화된다.

이래서는 외자계 기업을 이길 수 없다. 오랫동안 일본 기업이 로지스틱스를 무시할 수 있었던 것은 제품력이나 현장의 영업력으로 차별화를 추구해 왔기 때문이다. 게다가 시장이 확대되었기 때문에 도태되는 일이 적었고, 경쟁 기업이나 거래처 사람들의 면면에 그다지 큰 변화가 없었다.

서비스 수준 또한 다른 기업과 비슷하게 맞추면 되었다. 그러나 시장이 성숙하면 제품력에 따른 자별화가 어려워지는 게 현실이다. 매출 총이익률이 떨어지고 기업의 도태가 진행된다. 따라서 주문 충족과 비용 경쟁력을 뒷받침하는 로지스틱스의 중요성은 나날이 높아진다.

월마트 등은 평범한 상품을 판매하면서도 비즈니스에 로

지스틱스를 활용함으로써 라이벌의 점유율을 빼앗아 오는 데 성공했다. 월마트가 세이유를 발판 삼아 일본 시장에 진출했지만 성공하지 못한 까닭은 일본의 상습관과 맞지 않아 이 특기 분야를 활용하지 못했기 때문이다.

로지스틱스는 눈에 보이지 않지만 현장 운영의 뒷받침이 필요하기 때문에 일난 차별되면 격차를 따라잡기가 어렵고 우위성이 오래 지속된다.

산업능률 대학이 매년 선정하는 '사장이 선정하는 올해의 최고 사장'에 야나이가 뽑혔다. 2위는 도요타 자동차의 도요타 아키오, 3위는 일본 맥도널드 홀딩스의 하라다 에이코, 6위는 와타미의 와나베 미키, 7위는 오쇼 푸드 서비스의 오히가시 다카유키가 차지했다.

세속적인 표현으로 말하면 1위는 바지 가게, 3위는 빵집, 6위는 술집, 7위는 반찬가게다. 얼마 전까지만 해도 명함조차 내밀기 힘들었던 업종이지만, 지금은 '저렴한 가격', '부담 없는 가격'을 실현해 높은 지위를 얻었다. 그 배경에는 성공을 성취하게 만든 훌륭한 로지스틱스가 있다. 앞으로 소매업의 성공과 실패는 틀림없이 이 분야에서 결정될 것이다.

참고 문헌

아사히신문(朝日新聞), 요미우리신문(讀賣新聞), 니혼게이자이신문(日本経濟新聞), 닛케이유통신문(日経流通新聞), 닛케이산업신문(日経産業新聞), 주간 도요게이자이(週刊東洋経濟), 주간 다이아몬드(週刊ダイヤモンド), 상업계(商業界), 격류(激流), 닛케이비즈니스(日経ビジネス), WEDGE, PRESIDENT